Claudia Mocek

Mata Hari. 100 Seiten

Reclam

Umschlaggestaltung: ZERO MEDIA GmbH, München
Umschlagabbildung: FinePic®, München
Infografiken (S. 58 f., 86): Golden Section Graphics GmbH, Berlin
Bildnachweis: S. 3 © Wikimedia Commons / kndynt2099;
S. 93 © Wikimedia Commons / Blueknight; S. 13 © Fries Museum, Leeuwarden, Collection Het Koninklijk Fries Genootschap;
S. 14, 18, 39 © Wikimedia Commons; S. 31, 49, 72 © Fries Museum, Leeuwarden; S. 42 © akg-images / Album
Gesamtherstellung: Reclam, Ditzingen. Printed in Germany 2017
RECLAM ist eine eingetragene Marke
der Philipp Reclam jun. GmbH & Co. KG, Stuttgart
ISBN 978-3-15-020427-6

Auch als E-Book erhältlich

www.reclam.de

Für mehr Informationen zur 100-Seiten-Reihe:
www.reclam.de/100Seiten

Inhalt

»Ich liebe Offiziere«

»Haben Sie keine Angst, ich bin stark. Sie werden einem schönen Tod beiwohnen«, tröstet Mata Hari die Nonne, die sie auf den Hinrichtungsplatz begleitet. Sie hält ihr Versprechen: Bekleidet mit einem eleganten perlgrauen Kleid, langen Handschuhen und einem breitkrempigen Hut, verzichtet sie auf eine Augenbinde. Sie blickt dem Tod entgegen, als sie am 15. Oktober 1917 um 6.15 Uhr im Festungsgraben des Schlosses Vincennes am südöstlichen Rand von Paris von einem Exekutionskommando erschossen wird.

100 Jahre später lebt die Legende von Mata Hari weiter: Die exotische Tänzerin, die die bekannteste und gefährlichste Spionin des Ersten Weltkriegs werden sollte. Nicht nur in französischen Schlafzimmern entlockte sie Staatsgeheimnisse, sondern auch in deutschen. Hunderte von Büchern, ein Dutzend Filme (mit Greta Garbo, Marlene Dietrich, Jeanne Moreau, Sylvia Kristel) erzählen das Leben der Femme fatale. Ein Cartoon wurde nach ihr benannt, ein Videospiel verarbeitet die Abenteuer der Agentin. Eine Mata-Hari-Statue steht in ihrer niederländischen Heimatstadt Leeuwarden, eine Straße trägt ihren Namen, das dortige Fries Museum widmet ihr 2017 eine Sonderausstellung. Bars in Stuttgart, Nürnberg und Zürich

heißen wie die Tänzerin, auch ein Beach-Ressort auf Bali, eine Kletterwand in der fränkischen Schweiz, Stapelstühle aus Teakholz, hochprozentige Getränke aus Wermut, Flipperautomaten und eine Frauenband mit 70er-Jahre-Repertoire.

Tempeltänzerin, Prinzessin oder Kosmopolitin

Als Kind lernte ich Mata Hari Mitte der 1980er Jahre am Küchentisch meiner Oma kennen. Wir hatten uns das Kreuzworträtsel aus der Zeitung vorgenommen. Der »Treffer beim Fußball« stellte uns vor keine größeren Probleme, auch der »Unrat« war schnell gefunden. Aber wer verbarg sich hinter der »niederländischen Tänzerin, Spionin«? Wir kamen nicht darauf. Mein Vater half uns später mit »Mata Hari« auf die Sprünge – was ihn aber sogleich in Erklärungsnöte brachte: »Woher kennst du die denn? War das nicht eine Nackttänzerin?« fragte meine Mutter provokativ. »Also die kennt doch jeder«, kam ihm mein Opa zu Hilfe. Er hatte recht: Alle kennen Mata Hari – nur jeder kennt eine andere.

Schon ihre Zeitgenossen sahen in ihr wahlweise eine indische Tempeltänzerin, eine indonesische Prinzessin oder eine extravagante Kosmopolitin. Sie galt als Künstlerin, Kurtisane, Agentin oder Betrügerin. Wer war die Frau, die sich am liebsten mit Pelzen, Perlen und Offizieren schmückte?

Hatte sie spioniert, gar für zwei Seiten? Wenn ja: Welche Geheimnisse fand sie heraus, und welche Bedeutung hatten diese für den Ersten Weltkrieg? War sie wirklich so raffiniert, so gefährlich, dass sie den Tod verdiente? Dieser Meinung war das französische Justizministerium noch 2001, als es den Antrag der Stadt Leeuwarden und der Mata Hari Foundation auf

Greta Garbo mit Ramon Novarro in *Mata Hari* (1931). Der Film orientiert sich nur in groben Zügen am wahren Leben der exotischen Tänzerin.

Filme, TV-Serien und Video-Spiele über Mata Hari

- *Mata Hari* (1920; Regie: Ludwig Wolff, mit Asta Nielsen)
- *Mata Hari, die rote Tänzerin* (1927, Regie: Friedrich Fehér, mit Magda Sonja)
- *Mata Hari* (1931, Regie: George Fitzmaurice, mit Greta Garbo)
- *Mata Hari, Agent H 21* (1964, Regie: Jean-Louis Richard, mit Jeanne Moreau)
- *Der Fall Mata Hari* (1966, Regie: Paul Verhoeven, mit Louise Martini)
- *Mata Hari* (Dezember 1978, Regie: David Carradine, mit Calista Carradine)
- *Mata Hari*, TV-Vierteiler (1981, Regie: John van de Rest, mit Josine van Dalsum). Die Serie gilt als teuerste Produktion des niederländischen Fernsehens
- *Mata Hari* (1985, Regie: Curtis Harrington, mit Sylvia Kristel)
- *Mata Hari, la vraie histoire* (2003, Regie: Alain Tasmam, mit Maruschka Detmers)
- *Mata Hari*, TV-Mini-Serie (2016, mit Vahina Giocante und Christopher Lambert)
- *Mata Hari*, Video-Spiel (2008, Autoren: Hal Barwood und Noah Falstein)

Revision des Prozesses abwies, an dessen Ende Mata Hari zum Tod verurteilt worden war. Oder sagte Anna Lintjens, ihr langjähriges Dienstmädchen, die Wahrheit, wenn sie behauptete: »Sie war niemals eine Spionin!« War Mata Hari trotz allem Luxus am Schluss nur ein simples Bauernopfer des Krieges?

Als ich in den 1990er Jahren Geschichte studierte, war die Frau aus dem Kreuzworträtsel in den Vorlesungen kein Thema. Obwohl es mittlerweile durchaus seriöse Forschung gibt, die sich mit den zahlreichen Quellen über Mata Hari – Briefe, Fotos, ein Tagebuch, Zeitzeugenberichte, Zeitungs- und Zeitschriftenartikel, Akteneinträge und Protokolle in diversen (Militär-)Archiven in Deutschland, den Niederlanden (im Fries Museum in Leeuwarden finden sich vor allem die Briefe und Fotos), England und Frankreich – kritisch beschäftigen, scheint die Tänzerin mit ihrer Vorliebe für laszive Posen bis heute nicht in das akademische Umfeld zu passen. Dann schon eher in die populären Geschichtsmagazine und -bücher, die sich höhere Verkaufszahlen durch eine in hauchdünne Schleier gehüllte junge Frau auf dem Cover versprechen.

Der einstige Star wird zum Politikum

Schon zu Lebzeiten war Mata Hari ein Symbol für Erotik, Sexualität und Exhibitionismus. Aber in die Schmuddelecke gehört sie deshalb nicht. Als erste Tänzerin, die sich auf der Bühne auszog, wurde sie selbst vom an Skandale gewöhnten Pariser Publikum der Belle Époque ein Jahrzehnt lang frenetisch gefeiert. Sie trat in renommierten Salons und Theatern auf, Konkurrentinnen beäugten sie kritisch, reiche Männer rissen sich darum, ihr teure Geschenke zu machen und die Nacht mit ihr zu verbringen.

Und was sagte die Tänzerin selbst dazu? »Ich liebe Offiziere«, erklärte sie selbstbewusst in einem ihrer Verhöre: »Ich habe mein ganzes Leben lang Offiziere geliebt. Ich wäre lieber die Geliebte eines armen Offiziers als die eines reichen Bankiers.

Mata Hari als Figur in Filmen

- Im Film *Asterix und Obelix: Mission Kleopatra* (2002) taucht eine Figur namens Mataharis auf, die eine Spionin darstellt.
- In der James-Bond-Verfilmung *Casino Royale* (1967) wurde die Rolle einer Mata Bond eingearbeitet, der Tochter von Mata Hari und James Bond – und Tänzerin wie ihre Mutter. Mata Bond wurde dargestellt von Joanna Pettet.
- In der amerikanischen Serie *Charmed – Zauberhafte Hexen* (1998–2006) ergreift der Geist von Mata Hari Besitz von Phoebe (Alyssa Milano).
- In der amerikanischen Serie *The Young Indiana Jones Chronicles* (*Die Abenteuer des jungen Indiana Jones*) (1992–1993) wird Indiana Jones von Mata Hari entjungfert und verliebt sich in sie. Die Idee zur Serie stammt von George Lucas.

Das größte Vergnügen besteht für mich darin, mit ihnen zu schlafen, ohne an Geld zu denken. Es macht mir Spaß, Vergleiche zwischen den verschiedenen Nationalitäten anzustellen. Diese Herren haben nach mir gesucht, und ich habe von ganzem Herzen ›Ja‹ gesagt.«

Ihr lockerer Lebenswandel begeisterte die gehobenen Kreise im Frankreich der Jahrhundertwende. Zu Kriegszeiten jedoch, als die Frauen die Aufgaben der Männer übernahmen und die Lage an der Front aussichtslos schien, als in den Fabriken Aufstände ausbrachen und die Soldaten meuterten, war ein solches Verhalten untragbar. Denn sie verstieß gegen die guten Sitten und moralischen Werte. Der einstige Star der Salons wurde zu einem Politikum. Die meisten der einflussreichen Männer, die sich noch vor kurzem mit ihr geschmückt hatten, verleugneten sie nun. Nur wenige bekannten sich offen zu ihr.

Um Missverständnissen vorzubeugen: Mata Hari taugt nicht zur Märtyrerin wie Edith Cavell. Die britische Krankenschwester half alliierten Soldaten im besetzten Belgien zur Flucht und wurde dafür von den deutschen Besatzern hingerichtet. Für eine solche Heldenrolle war Mata Hari zu egozentrisch. Sie strebte auch keine höheren moralischen Ziele an. Sie liebte profane Dinge – luxuriöse Kleidung, exklusive Hotels und exquisiten Schmuck. Sie wollte im Mittelpunkt stehen und bewundert werden – weil es ihr zustand, wie sie fand. Aus dieser forschen Haltung machte sie keinen Hehl. Für manche wurde sie genau deshalb zu einer Vorreiterin der Emanzipation.

> Die Marke Mata Hari scheint heute fast noch so werbeträchtig wie zu ihren Lebzeiten: »Mata Hari, die moderne indische Zigarette, erstklassiger Tabak aus Sumatra und der Türkei garantiert erlesensten Geschmack«, lautete einer der Slogans damals. Ein Abbild der Tänzerin zierte Zigaretten- und Pralinenschachteln.

2017 sollen die französischen Gerichtsakten, die bisher unter Verschluss gehalten wurden, veröffentlicht werden. Es kann sein, dass das Todesurteil gegen Mata Hari juristisch dann anders bewertet wird. Es ist aber nicht davon auszugehen, dass die Akten einer der schillerndsten Persönlichkeiten des frühen 20. Jahrhunderts weitere Geheimnisse entlocken werden. Einer Kosmopolitin, die in den Niederlanden, in Indonesien, Frankreich und Deutschland lebte; einer Ehefrau und Mutter, die in Scheidung lebte und deren Sohn vergiftet wurde; einer Frau, die ohne Geld nach Paris ging – weil sie sich sicher war, »dass alle Frauen, die vor ihrem Ehemann flüchten wollen, nach Paris gehen« –, um dort berühmt zu werden; einer Taktiererin, die raffiniert und zugleich hoffnungslos naiv sein konnte; einer selbstbewussten Abenteurerin, die sich jeden Tag aufs Neue erfand, die viel erreichte und alles verlor.

»Orchidee inmitten bescheidener Butterblumen«

Stattliche Bürgerhäuser aus dem 17. und 18. Jahrhundert, idyllische Grachten und Museen in mittelalterlichen Gebäuden: Leeuwarden ist nicht nur Eisschnellllauffans ein Begriff. In der Hauptstadt der Provinz Friesland beginnt und endet das mit 200 Kilometern längste Schlittschuhrennen der Welt. Die Elf-Städte-Tour konnte 1997 zum letzten Mal durchgeführt werden und lockte damals zwei Millionen Zuschauer an. 2013 sorgte der Ort aus einem anderen Grund für Aufsehen: Die Geburtsstadt von Mata Hari wurde für das Jahr 2018 zur Kulturhauptstadt Europas gekürt. Mit »Minskiep« (friesisch für »Gemeinschaftssinn«) soll dann für alle Bürgerinnen und Bürger etwas geboten werden, denn Leeuwarden kämpft gegen eine hohe Arbeitslosigkeit.

Das war nicht immer so. Die Stadt mit dem Löwen im Wappen war im Mittelalter und in der Frühen Neuzeit ein wichtiges Handelszentrum. Im 15. Jahrhundert stieg der Ort zum Verwaltungszentrum Frieslands auf. Rund 15 000 Einwohner machten aus dem Ort im 17. Jahrhundert bereits eine Großstadt. Im 18./19. Jahrhundert verlor die Gemeinde zwar zunächst an Einfluss und Wirtschaftskraft, der Anschluss an das Eisenbahnnetz um 1868 bedeutete aber einen Wendepunkt.

Als Mata Hari unter dem Namen Margaretha Geertruida Zelle acht Jahre später, am 7. August 1876, hier geboren wird, leben in der Ortschaft rund 27 000 Menschen. Sie ist das erste Kind von Adam Zelle und seiner Frau Antje, geborene van der Meulen. Das Ehepaar bekommt noch drei Söhne: Johannes Henderikus ist zwei Jahre jünger als seine Schwester, die Zwillinge Ari Anne und Cornelis Coenrad kommen fünf Jahre nach Margaretha auf die Welt.

Der Vater betreibt als Hutmacher ein eigenes Geschäft in der Innenstadt, in dem er den modebewussten Bürgern die neuesten Zylinder, Filzhüte und Kappen verkauft. Er versteht etwas von seinem Geschäft, die Einnahmen fließen. Im Jahr 1877 verdient er bereits 3500 Gulden, heute etwa knapp 20 000 Euro, so viel wie kaum jemand in der Stadt. Sechs Jahre später hat er noch mehr Glück: Er spekuliert erfolgreich an der Börse mit Ölaktien und gewinnt ein Vermögen. Adam Zelle kauft ein altes Patrizierhaus in der Grote Kerkstraat 28 – damals das größte Haus am Platz.

Zelle ist ein stattlicher Emporkömmling, der in den wohlhabenden Kreisen seiner Heimatstadt verkehrt. Doch nicht alle schätzen ihn, für viele ist er ein Aufschneider und Angeber. Er lässt sich mit »Baron« anreden, obwohl er keine adelige Abstammung vorweisen kann. Als er beim Besuch König Wilhelms III. zu Pferd an einer Ehrengarde teilnimmt, beauftragt er den Maler Albert Martin mit einem Gemälde.

Das Bild, das er dem Friesischen Museum schenkt, zeigt den Hutmacher mit seinem schwarzen Vollbart hoch zu Ross, bekleidet mit einem schwarzen Gehrock, weißen Kniehosen und dem obligatorischen Zylinder. »Ich habe ihn niemals ohne seinen Zylinderhut gesehen«, erzählt der holländische Journalist Alexander Cohen dem Mata-Hari-Biografen Sam Waagenaar in den 1960er Jahren: »Er lehnte meist am Türpfosten seines Ladens und vergrub die Hände in den Armlöchern seiner blumenbestickten Weste.«

Adam Zelle legt nicht nur Wert auf seinen Zylinder, auch seine Kinder sind Statussymbole, die er herausputzt und gern präsentiert. Der einzigen Tochter Margaretha schenkt er zu ihrem sechsten Geburtstag eine Kutsche mit vier Sitzen, die von zwei Ziegen gezogen wird. Margaretha wird zur Sensation der Nachbarschaft. Der »Bokkenwagen«, schwärmt noch Jahrzehnte später Schulfreundin Ybeltje Kerkhof, sei »eine erstaunliche Kühnheit« gewesen, die Margaretha zu einer »absoluten Sonderstellung verhalf«. Anders als die anderen Mädchen habe sie ein »königliches Auftreten« besessen: »Bei uns war sie wie eine Orchidee inmitten bescheidener Butterblumen.«

Margaretha steht im Mittelpunkt und fällt auf, nicht nur bei den anderen Kindern. Mit ihren hübschen Gesichtszügen, dem dunklen Teint, den schwarzen Haaren und großen Augen wirkt sie exotisch. Sie ist selbstbewusst, zieht gerne die Aufmerksamkeit der anderen auf sich und genießt deren Bewunderung. Ihre Freundin Ybeltje Kerkhof weiß noch 70 Jahre später, dass sie schon als Jugendliche beeindruckende und manchmal sogar gewagte Kleider trug, mal war es ein gelb-rot gestreiftes Kleid, mal eines aus rotem Samt. »Es war für ein Mädchen einfach unmöglich, solche Kleider in der Schule zu tragen«, erzählte sie dem Biografen Waagenaar.

»Sie wusste, dass sie anders war als die anderen Kinder«, erinnert sich Kerkhof weiter, »viele von uns konnten das nicht ausstehen und waren neidisch […]. Sie hatte eine gute Stimme und den Mut, ungewöhnliche Kleider zu tragen. Wir anderen taten das nicht. Das erzeugte Neidgefühle.« Margarethas Verhalten habe sich nicht gegen die anderen Mädchen gerichtet. Sie benahm sich so, »einfach, weil ihr Wesen nun einmal so war. Es war ein Teil ihrer Natur, zu glänzen. Die anderen nannten ihr Benehmen dreist. Ich habe es immer nur als ungewöhnlich empfunden.«

Der »Baron« muss sein Haus verkaufen

Adam Zelle bestärkt seine Tochter nicht nur in deren Vorliebe für extravagante Kleidung. Um sie auf die Umgangsformen in den elitären Kreisen vorzubereiten, sorgt er dafür, dass sie eine gute Ausbildung erhält. In der Schule lernt Margaretha die Modesprache Französisch, aber auch Englisch und Deutsch. Von klein auf wird sie daheim bewundert und beklatscht. Ein Leben lang wird sie sich darum bemühen, mit teuren Requisiten einen schönen Schein zu erzeugen, der ihren sozialen Aufstieg in die Oberschicht erleichtern soll. Bei ihrem Vater schaut sie sich zudem ab, wie man die Wirklichkeit mit erfundenen Geschichten aufpoliert: Adam Zelle nennt sich »Baron«; Margaretha erzählt später, dass sie als Tochter eines Barons und einer Baroness auf dem friesischen Landsitz Caminghastate aufgewachsen sei. Das Gebäude existierte wirklich: Allerdings war es nicht der Landsitz der Familie Zelle, sondern ein altes Gebäude im Zentrum von Leeuwarden, das Margaretha sehen konnte, wenn sie aus dem Fenster schaute.

Den gesellschaftlichen Absturz erlebt Adam Zelle 1889. Er verliert ein Vermögen an der Börse und ist dazu gezwungen, Konkurs anzumelden. Dem »Baron« bleibt nichts anderes

Mata Haris Vater Adam Zelle. Er starb am 13. März 1910 in Amsterdam.

Mata Hari um 1900

übrig, als das teure Haus zu verkaufen und mit der Familie in eine bescheidene Mietwohnung an der Willemskade zu ziehen. Man kann nur ahnen, wie sehr Adam Zelle unter diesem sozialen Abstieg leidet. Nicht nur das Ansehen und der Ruf des Hutmachers sind jetzt endgültig beschädigt, auch seine Ehe zerbricht.

Margarethas Vater versucht zunächst noch, in Den Haag ein Auskommen zu finden, doch ohne Erfolg. 1890 trennt sich das Ehepaar schließlich, Adam Zelle zieht im März 1891 nach Amsterdam. Zu einer Scheidung kommt es nicht, weil Antje Zelle nur wenige Wochen später, am 9. Mai 1891, an Tuberkulose stirbt. Sozialer Abstieg, Trennung der Eltern, Krankheit und Tod der Mutter: Für die Kinder der Familie Zelle bricht innerhalb von zwei Jahren eine Welt zusammen.

Die vier Geschwister werden in der Verwandtschaft verteilt. Der Vater nimmt nur die Zwillinge Ari und Cornelis bei sich auf. Er heiratet rasch zum zweiten Mal und lebt von den bescheidenen Mitteln seiner neuen Frau. Nur mäßig erfolgreich betreibt er einen Kleinhandel mit Petroleum, das Paar lebt im Armenviertel von Amsterdam. Der zweitälteste Sohn Johannes zieht nach Franeker zur Familie mütterlicherseits, während Margaretha in Sneek beim Patenonkel väterlicherseits untergebracht wird.

Auch wenn sich der Onkel darum bemüht, der 15-Jährigen eine solide Ausbildung zu ermöglichen: Für Margaretha, die Prinzessin der Familie, muss die Umstellung hart gewesen sein. Der Onkel schickt sie auf ein Pensionat nach Leiden, dort soll sie zur Kindergärtnerin ausgebildet werden. »Der Entschluss hätte nicht falscher sein können«, findet die Schulfreundin. »Denn von allen Möglichkeiten war sie für diesen Beruf am wenigsten geeignet.« Sich um die Kinder anderer Leute zu kümmern wäre etwas für ein »›mütterliches‹ Mädchen« gewesen, ist Kerkhof überzeugt. »M'greet aber war eine Persönlichkeit.«

Und tatsächlich: Nach kurzer Zeit bricht Margaretha die Ausbildung ab. Gerüchten zufolge hat sich der Direktor der Schule, Wijbrandus Haanstra (1841–1925), in die junge Frau verliebt und ein Verhältnis mit ihr begonnen. Ob es sich wirklich so zugetragen hat oder ob es andere Gründe gab, warum sie die Schule verlässt, muss offenbleiben. Die inzwischen 17-Jährige zieht zu einem anderen Onkel nach Den Haag.

Dort stößt sie fast zwei Jahre später in der Zeitung auf eine Heiratsannonce: »Offizier, auf Urlaub aus Indonesien, sucht junge Frau mit liebenswürdigem Charakter zur Eheschließung.« Die Anzeige von Campbell Rudolph MacLeod verspricht Ansehen, Luxus und Abenteuer. Margaretha ergreift ihre Chance und antwortet dem Offizier mit einem Brief. Eine Mitgift kann sie zwar nicht vorweisen, doch sie will mit ihrem Aussehen beeindrucken und legt ein Foto mit in den Umschlag.

Rudolph MacLeod, 39 Jahre alt, 1,80 Meter groß, geschwungener Schnurrbart, rundliches Gesicht, fast kahl, stammt aus einer alten schottischen Familie. Einer seiner Vorfahren wanderte im 18. Jahrhundert nach Holland aus. Viele seiner Ahnen hatten in den Niederlanden beim Militär gedient. Mit 16 Jahren tritt er selbst in die Armee ein, vier Jahre später wird er zum Sergeant befördert, mit 21 Jahren geht er als Leutnant nach Holländisch-Ostindien. Die verarmte aristokratische Familie seiner Mutter Dina Louisa, Baronesse Sweerts de Landas, ist darüber entsetzt. Nur die Ärmsten der Armen fristen ein derartiges Leben in der Kolonialarmee. Aber MacLeod bleibt bei seinem Entschluss, reist in den Fernen Osten und passt sich den derben Umgangsformen an. 17 Jahre später liest er Margarethas Antwort auf die Anzeige, die ein Freund ohne sein Wissen aufgegeben hat. Brief und Foto gefallen ihm, sogar sehr – er antwortet ihr schnell.

Was Margaretha wohl dachte, als sie sein Schreiben las? Der Hauptmann ist mehr als doppelt so alt wie sie, leidet an Rheuma und Diabetes. Sobald es ihm bessergeht, will er sie kennenlernen. Auf den ersten Blick kein Traumprinz für eine ambitionierte Persönlichkeit wie Margaretha. Doch sie hat schon damals eine Schwäche für Offiziere. Sie vereinbaren ein Treffen, aber ein erneuter Rheumaanfall vereitelt den Plan. Die zwei setzen ihre Korrespondenz fort. Wochen später ist es endlich so weit: Margaretha und Rudolph sehen sich zum ersten Mal im Amsterdamer Rijksmuseum. Sie ist von Johnie, wie sie ihn nennt, und seiner stattlichen Erscheinung angetan, er von der reizenden jungen Frau begeistert – sechs Tage später verloben sich die beiden. Die Heirat wird auf den 11. Juli 1895 terminiert, nur wenige Monate nach der ersten Begegnung.

Rheumaattacken verhindern weitere Verabredungen, das Paar nimmt seinen Briefwechsel wieder auf:

»Mein geliebter Johnie«, schreibt sie. »Oh, Liebster, Du tust mir so leid, und ich bin so traurig, dass unsere Pläne wieder einmal fehlgeschlagen sind. Alles Unangenehme geschieht auf einmal, findest Du nicht auch? Sei nicht allzu betrübt, Liebster. Ich hoffe, Du wirst die Schmerzen vergessen haben, wenn ich Dich am Sonntag besuche.«

Offenbar sind die beiden schon vor ihrer Hochzeit intim miteinander: »Du fragst, ob ich unsinnige Dinge tun würde?«, fragt sie ihn in einem Brief: »Lieber zehnmal als einmal! Tu, was Du willst, in wenigen Wochen werde ich ohnehin Deine Frau sein. Ist es nicht wunderbar, dass wir beide das gleiche leidenschaftliche Temperament haben?«

Aber vor der Vermählung muss Margaretha ihren Vater um Erlaubnis bitten, denn als Minderjährige darf sie ohne dessen Einwilligung nicht heiraten. Das Problem: Rudolph gegenüber hat sie behauptet, eine Waise zu sein. Jetzt muss sie ihm gestehen, dass Adam Zelle noch lebt. MacLeod ist von dem bevorstehenden Verwandtenbesuch zwar nicht begeistert, doch er löst das Problem pragmatisch, schließlich will er sich rasch mit Margaretha vermählen. Wie »Baron« Zelle es im Vorfeld gefordert hat, fahren die Verlobten mit einem großen Wagen bei ihm in Amsterdam vor und sorgen in der Nachbarschaft für Gesprächsstoff.

Adam Zelle willigt in die Hochzeit ein, die wie geplant am 11. Juli 1895 zwischen der 19-jährigen Margaretha Geertruida

Margaretha Geertruida MacLeod-Zelle (ganz links) mit ihrem Ehemann (hinter ihr) 1897 an Bord der Princess Amalia. Die junge Frau freut sich auf ihr Leben in dem exotischen Inselreich.

Zelle und dem 39-jährigen Rudolph MacLeod geschlossen wird. Auch der Vater der Braut ist bei der Zeremonie im Rathaus dabei, so verlangt es das Gesetz. Bei der sich anschließenden ausgelassenen Feier im Café Américain fehlt er jedoch. Gerüchten zufolge hat der Bräutigam den Kutscher angewiesen, den ungeliebten Verwandten in einem weit entfernten Stadtteil abzusetzen.

Die Flitterwochen verbringen die Frischvermählten in Wiesbaden, dem »Nizza des Nordens«. Die Stadt war durch die regelmäßigen Besuche Kaiser Wilhelms II. aufgeblüht. Im Gefolge des Hofstaats zieht es immer mehr Adelige, Künstler und wohlhabende Unternehmer in das Kurbad. Auch viele Offiziere kommen hierher, genau das richtige Ambiente also für Margaretha und ihren Gatten. Doch Rudolph muss bald erkennen, dass das Zusammensein mit einer attraktiven, jungen Frau anstrengend sein kann: Mehr als einmal weist er arrogante Offiziere und andere »jugendliche Grünschnäbel« darauf hin, dass Margaretha seine Gattin ist.

Rudolph erweist sich als schwieriger Charakter

Nach der Reise beginnt für das Ehepaar der Alltag. Um Geld zu sparen, ziehen sie zu Rudolphs Schwester Frida, die als Witwe allein in ihrem Haus in Amsterdam lebt. Tante Lavies, wie sie genannt wird, hatte ihren Bruder noch an dessen Hochzeitstag vor einer Ehe mit Margaretha gewarnt. Er ignorierte nicht nur ihre Warnung, nun sollen die drei auch noch auf engem Raum zusammenleben. Es überrascht nicht, dass das Verhältnis zwischen Tante Lavies und Margaretha angespannt bleibt.

Bald tauchen weitere Probleme auf, die erste Verliebtheit scheint rasch vergangen zu sein: Rudolph erweist sich als schwieriger Charakter, der seine harschen Umgangsformen aus den Kolonien nicht ablegt. Er trifft sich mit anderen Frauen, belügt seine Ehefrau. Margaretha will ihren Traum von einem Leben in Luxus jetzt endlich verwirklichen und gibt mehr Geld aus, als sich das Paar leisten kann. Irgendwann ist Margaretha schwanger. Ob das Kind schon vor der Hochzeit gezeugt wurde oder danach, muss offenbleiben, die Quellen geben unterschiedliche Geburtstermine an. Am 30. Januar 1896 oder 1897 kommt Sohn Norman John auf die Welt. Die Beziehung der Eltern bessert sich vorübergehend, Margaretha und Rudolph gehen wieder friedlicher miteinander um. Doch die Harmonie hält nicht lange an. MacLeod hat gehofft, dass seine Frau als Mutter reifer und verantwortungsvoller sein wird – doch das Gegenteil ist der Fall: Margaretha freut sich auf das Abenteuer in den Kolonien. Am 1. Mai 1897 begibt sich die junge Familie an Bord des Dampfers SS Princess Amalia, um nach Jakarta zu reisen.

»Wer zum Teufel ist dieser Marineleutnant?«

»Wie konnte ein Traum- und Phantasiegebilde [wie Java] Breiten- und Längengrade haben? Der Versuch, den Flächeninhalt eines Regenbogens zu bestimmen, wäre mir kaum weniger absurd erschienen.« Die niederländische Schriftstellerin Augusta de Wit (1864–1939) wurde auf Sumatra geboren und verbrachte ihre Jugend im Fernen Osten. Als Journalistin verfasst sie später sozialkritische Romane und Novellen. Darin prangert sie unter anderem den Kolonialismus an. Sie lebte zwar etwas früher als Familie MacLeod auf den Inseln, ihre Schriften vermitteln aber einen guten Eindruck von der Welt, die Margaretha jetzt betritt.

Pfeffer und Gewürznelken, Muskatnuss und Sandelholz: Ende des 15. Jahrhunderts hatten sich die Europäer mit Vasco da Gama in den indonesischen Raum vorgewagt, um den einträglichen Gewürzhandel von den Arabern zu übernehmen. Im Laufe des 17. Jahrhunderts setzten sich die Niederländer in dem Inselreich als Kolonialherren gegen die Portugiesen durch. Von der Insel Java aus dehnte die Vereinigte Niederländische Ostindien-Kompanie (VOC) als Staat im Staat ihre Macht auf dem gesamten Archipel aus. Nach der Auflösung der VOC stand das Territorium für kurze Zeit unter britischer

Hoheit (1811–1816). Anschließend übernahmen die Niederlande die Macht und organisierten die Inseln bis 1910 als Kolonie.

Auf die 20-jährige Margaretha wartet ein magisches Reich, in dem die Einheimischen leuchtende Kleider tragen, tanzen und singen. Das förmliche Holland scheint Lichtjahre entfernt. Doch nun muss sie sich auf Neues einlassen: Das tropische Klima und die Landschaft sind gewöhnungsbedürftig. Und dann sind da noch die fremden Religionen, Essgewohnheiten und Sitten. Während andere Frauen, die das erste Mal in die Kolonien reisen, ängstlich in die Zukunft blicken, kann Margaretha die Ankunft gar nicht erwarten.

Nach außen scheint sie sich problemlos in ihre Rolle als Ehefrau eingefunden zu haben. Die verwöhnte Tochter mit eigenem Kopf ist zu einer angesehenen Offiziersfrau geworden. Margaretha hofft, dass das Leben in den Kolonien auch die Leichtigkeit in ihre Beziehung zu Rudolph zurückbringen wird. Doch sie täuscht sich. Das Leben in dem Inselreich wird die schlechten Angewohnheiten von Rudolph noch verstärken, er verhält sich ihr gegenüber arrogant, rüpelhaft und eifersüchtig. Mata Haris Biografen widersprechen sich zwar darin, bei welcher Gelegenheit und an welchem Ort sich ihr Mann besonders hässlich aufführt. Aber ob auf Java oder auf Sumatra, fest steht, dass er sich gegenüber Margaretha immer wieder wie ein Lehrer aufspielt, der zu Wutanfällen neigt.

Gewalt und Unterdrückung spielen auch in der Geschichte der Kolonien eine große Rolle. Im 18. Jahrhundert hatte die Ostindische Kompanie auf Java eine Plantagenwirtschaft eingeführt. Die VOC unterstützte die Einheimischen damals bei ihren Fehden mit rivalisierenden Nachbarstaaten. Zum Ausgleich forderten sie von ihnen große Landgebiete, um Feldfrüchte anzubauen. Als Rudolph und Margaretha in Indonesien leben, hat der Handel mit Gewürzen an Bedeutung verloren. Die Niederländer setzen schon seit längerem auf Kaffee, Zucker, Tee, Tabak und Kautschuk.

Durch die Handelsgüter fließen zwar immense Gewinne nach Holland, doch für die Einheimischen bedeutete die Umstellung in Verwaltung und Landwirtschaft eine dramatische Verschlechterung. Schuld daran war Johannes van den Bosch. Der Generalkommissar verlangte von allen Inselbewohnern einen Anteil ihres Bodens. Außerdem hatten sie einen Teil ihrer Arbeitszeit für die Niederländer in den Anbau der neuen Feldfrüchte zu stecken. Wer mittellos war und kein Land besaß, musste auf den regierungseigenen Plantagen schuften: »Ein mühsam getarntes System der Zwangsarbeit«, bewertet de Wit. Als die MacLeods auf Java ankommen, hat sich die Einstellung der Niederländer zwar schon gewandelt, doch der holländische Liberalismus, der auch die Einheimischen stärker in den Blick nehmen sollte, verbreitet sich nur langsam.

Rudolph ist in Ambarawa stationiert, nahe dem Hafenstädtchen Semarang an der Nordküste. Mit dem bescheidenen Einkommen kann sich die Familie viel mehr leisten als in Amsterdam. Sie beschäftigen Dienstboten und ein Kindermädchen. Rasch findet Margaretha Gefallen an der Leichtigkeit ihres neuen Lebens. Nach kurzer Zeit wird Rudolph nach Tumpang in den Osten Javas versetzt. Margaretha freut sich über den Wechsel, sie beziehen ein Haus nahe Malang. Die Stadt lädt mit Geschäften und Märkten zum Bummeln ein. Margaretha hofft auch auf vielfältige gesellschaftliche Abwechslung, doch schon bald muss sie feststellen, dass die Regeln aus der Heimat zwar gelockert, aber nicht völlig aufgehoben sind. Selbst die Einladungen bei Rudolphs Vorgesetzten und bei den anderen Offizieren entpuppen sich als förmliche

Angelegenheiten, die Unterhaltungen drehen sich um die Sitzordnung für das nächste Regimentsessen. Sogar die Auftritte von Theater- und Tanzgruppen geraten zu öden Veranstaltungen.

»Es herrscht hier dasselbe Streben um eine Vorrangstellung, dieselbe Vertrautheit, derselbe Tratsch und dieselbe nachbarliche Freundlichkeit, dasselbe Wohlleben und bürgerlich schlichte Denken wie in einer reichen holländischen Provinzstadt [...]. Man würde vermuten, dass solch ein Übermaß an bürokratischer Etikette unbeschreibliche Lustlosigkeit und Gezwungenheit erzeugt. Mit Sicherheit ärgert das den Neuankömmling etwas«, zitiert Julia Keay die Schriftstellerin Augusta de Wit.

Wer sich nicht an die Spielregeln hält, wird – wie in Leeuwarden und Amsterdam – kritisch beäugt. Im Gegensatz dazu erscheinen die Inselbewohner ausgelassen und voller Lebenslust, wie de Wit beobachtet hat: »Sie leben praktisch im Freien. Die Frauen lieben Blumen sehr, und man sieht sie kaum einmal ohne eine ins Haar geflochtene Rosenknospe; und die nackten braunen kleinen Körper der Kinder werden mit Tanjong-Kränzen behängt. Sie baden sich im Fluss – die Männer springen in den Strom und tauchen unter; wenn sie wieder hochkommen, glänzen ihre bloßen Körper wie Bronzestatuen.«

Ihr unbefangener Umgang mit Körperlichkeit fasziniert auch Margaretha. Wie gerne würde sie sich von dieser Ungezwungenheit anstecken, von den Farben und Düften berauschen lassen. Aber umgeben von vielen Kolonialfrauen mittleren Alters, die ein matronenhaftes Dasein führen, fühlt sich die junge Frau vom pulsierenden Leben ausgeschlossen. Sie unternimmt Streifzüge durch die Gegend. Dabei entdeckt sie duftende Jasminblüten, handtellergroße Schmetterlinge und wilde Orchideen. Die alten Tempel, Statuen und Reliefbilder beflügeln ihre ohnehin ausgeprägte Phantasie.

Seit dem 14. Jahrhundert war Java hauptsächlich durch den Islam geprägt. Nur eine Minderheit der Einwohner nahm den christlichen Glauben an, den Missionare seit dem 19. Jahrhundert auf der Insel propagierten. In Tumpang gibt es auch eine große Fülle an hinduistischen und buddhistischen Tempeln aus dem 11. bis 13. Jahrhundert. Wahrscheinlich besucht Margaretha den Tempel Candi Jago. Er wurde zwischen 1268 und 1280 errichtet und diente als Grabmal für Vishnuvardhana. Das Heiligtum erstreckt sich über drei Terrassen. Der Reliefschmuck an der Außenseite des Gebäudes weist buddhistische und hinduistische Farbelemente auf. Wenige Kilometer weiter südwestlich steht der Tempel Candi Kidal, ein Mausoleum für den 1240 verstorbenen König Anushapati. Das hinduistische Heiligtum schmückt ein Relief, das sich über drei Seiten erstreckt. Es zeigt das schlangentötende, mythologische Wesen Garuda – ein Reittier, halb Mensch, halb Adler. Zwar gibt es in Ostjava keine so explizit erotischen Darstellungen wie im berühmten indischen Tempelbezirk Khajuraho. Dennoch finden sich in Margarethas neuer Heimat Abbildungen von Nymphen mit nackten Brüsten in durchsichtigen Röcken, die um einen Gott tanzen.

Margaretha hat bereits als junge Frau mit ihrem Aussehen kokettiert. Sie fühlt sich wohl in ihrem Köper und zeigt es gern. Sie flirtet oft und freut sich über die Komplimente der Offiziere. Für sie ist es ein harmloses Spiel, das sie ausgezeichnet beherrscht. Doch auch wenn die Bewunderungen ihrem Ego schmeicheln, die Grenzen überschreitet sie nicht: Sie ist ihrem Ehemann treu. Anders der eifersüchtige Rudolph: Schon bald hat er seine Liebschaften mit einheimischen Frauen wieder aufgenommen. Die Doppelmoral seines Verhaltens interessiert ihn nicht. Er fürchtet sich vor allem davor, dass seine Frau ihn vor seinen Vorgesetzten blamiert.

Rudolph wird nach Sumatra versetzt

Margaretha wird erneut schwanger, ihr Zustand lässt die Harmonie zwischen den Eheleuten vorübergehend wieder aufleben. Im Mai 1898 kommt Tochter Jeanne Louise zur Welt, die einfach nur Non (javanesisch für Mädchen) genannt wird. Kurz nach der Geburt tritt Margaretha zum ersten Mal öffentlich auf: Aus Anlass der Feierlichkeiten zur Thronbesteigung Königin Wilhelminas führt eine Gruppe das Schauspiel *Die Kreuzfahrer* von August von Kotzebue auf. Margaretha übernimmt darin die Rolle der Königin. Für einen Augenblick scheint sie endlich im Mittelpunkt der Gesellschaft angekommen zu sein.

Doch schon einen Moment später ist die Euphorie vergessen: Rudolph, der seine Kinder vergöttert, sorgt sich ständig um deren Gesundheit. Eine Angst, die in dem tropischen Klima durchaus berechtigt ist. Aber Margaretha vermutet hinter seinen Befürchtungen vor allem eines – den Vorwurf an sie, keine gute Mutter zu sein. Sie beginnt, ihn zu provozieren: Je mehr er sie kritisiert, desto weniger kümmert sie sich um ihre Pflichten. Sie verspätet sich bei offiziellen Anlässen, ordnet sich nicht den Frauen höhergestellter Offiziere unter und verzichtet darauf, Neuankömmlinge willkommen zu heißen. Den einen oder anderen mag sie dennoch mit einem Lächeln bezirzen, zu Hause entlädt sich die angespannte Stimmung jetzt immer öfter in Streit.

1899 wird Rudolph nach Medan auf Sumatra versetzt. Während er vorausreist, bleibt Margaretha für einige Monate auf Java zurück, um den Haushalt aufzulösen. Ein Umzug der Möbel wäre viel zu teuer. Weil sie das Haus bereits Rudolphs Nachfolger überlassen müssen, kommt sie mit Norman und Non bei einer befreundeten Familie unter. Die Trennung bedeutet für das zerstrittene Paar eine Atempause. Wie schon in Amsterdam nehmen sie ihre Korrespondenz wieder auf. Selbst in den Briefen ermahnt Rudolph sie zu Sparsamkeit und ist kaum in der Lage, seine Eifersucht zu zügeln: »Wer zum Teufel ist dieser Marineleutnant, von dem Du schreibst, dass er die Kinder fotografiert hat? Und wie kommt es, dass dies in Tumpang geschah? Dinge dieser Art erklärst Du nie, Griet. Du kannst Dir doch denken, dass ich zu grübeln beginne, wenn ich so etwas lese: ›Also – wer ist das nun wieder? Und wie kommt er nach Tumpang?‹« Margaretha reagiert schnippisch, trotzig auf seine eifersüchtigen Fragen und antwortet ihm mehrere Wochen nicht. Das Paar entfremdet sich immer mehr.

»Die Kleine muss dem Einfluss der Mutter entzogen werden«

Auf Sumatra, 40 Kilometer nordwestlich von Java, kämpft Rudolph mit schwierigen Bedingungen. Von der Umgebung ist er zwar angetan, doch er steht unter Druck. In der Vergangenheit hatten sich die Bewohner der Insel nicht einfach den Kolonialherren untergeordnet, sie hatten sich in Aufständen dagegen gewehrt. Die Atmosphäre ist weiterhin angespannter als auf Java.

Sieben Monate nach ihm siedelt Margaretha mit den Kindern nach Sumatra über. Er warnt sie vor den Gefahren: »Du wirst, wenn Du hierherkommst, so wachsam sein müssen wie nie zuvor – es ist doppelt wichtig, sich zu vergewissern, dass alles ständig gesäubert wird. Wenn man nicht dauernd fegt, besonders um die Blumentöpfe herum und auch darunter, dann wimmelt es von Ungeziefer. Gestern Abend habe ich den größten Skorpion gesehen, der mir je unter die Augen gekommen ist. Sein Biss wäre zwar nicht sogleich tödlich, doch verursacht er hohes Fieber und ist gerade für kleine Kinder besonders gefährlich. Du musst die Zimmer jeden Tag selbst inspizieren, die Kinderbetten säubern und Dir Deiner schweren Verantwortung für die Kinder immer voll bewusst sein.«

Kaum im neuen Heim angekommen, brechen die schwelenden Konflikte zwischen den Ehepartnern erneut aus. Er wirft ihr vor, zu viel Geld auszugeben. Rudolph betrügt Margaretha nun schamlos und wird ihr gegenüber gewalttätig. An seine Schwester schreibt er: »Ach! Wenn doch die Pest mich von dieser Kreatur befreien wollte, damit ich wieder glücklich werden könnte. Bisweilen wird es mir fast unmöglich, diese Dirne noch länger um mich zu haben, aber was soll ich tun, um sie mir vom Halse zu schaffen? Mit oder ohne Skandal, mir ist es gleichgültig [...]. Die Kleine muss unbedingt dem Einfluss ihrer Mutter entzogen werden, sonst wird sie ein für alle Mal verloren sein.«

Am Abend des 25. Juni 1899 erkranken Norman und Non an heftigen Brechanfällen. Der Garnisonsarzt wird gerufen und bleibt die ganze Nacht. Endlich, am nächsten Tag ist das Mädchen außer Lebensgefahr. Doch dem zweijährigen Norman geht es schlecht, er wird immer schwächer. Am Morgen des 27. Juni stirbt der Junge an den Folgen einer Vergiftung. Offenbar hat der Geliebte des Kindermädchens den Kindern das

Gift verabreicht. Ob Rudolph das Kindermädchen verführt oder den Täter selbst wegen eines Verbrechens bestraft hatte, lässt sich nicht mit Sicherheit sagen.

Für Margaretha und Rudolph bricht eine Welt zusammen. Die Sterblichkeitsrate unter den Europäern war mit 25 Prozent bis ins 19. Jahrhundert hoch, aber die Tatsache, dass kaum eine Familie ungeschoren davonkommt, tröstet die Eltern nicht. Während die Mutter tagelang schweigt und den Schmerz zu verdrängen versucht, zeigt Rudolph seine Trauer öffentlich. An seine Schwester schreibt er: »Der Verlust dieses reizenden kleinen Jungen hat etwas in mir zerbrochen, was wohl auf immer zerbrochen bleiben wird.«

Statt sich gegenseitig beizustehen, machen sie sich Vorwürfe – für die Ehe der MacLeods läutet dieses tragische Schicksal das Ende ein: Rudolph gibt Margaretha die Schuld am Tod des Sohnes. Sie habe seine Ermahnungen nicht ernst genommen und sich nicht ausreichend um die Kinder gekümmert. Sie hält ihm vor, die Familie an diesen gefährlichen Ort gebracht zu haben.

Zu allem Überfluss wird Rudolph zurück nach Java versetzt, ohne die erhoffte Beförderung zum Oberstleutnant. Nur unterbrochen von Wutanfällen, verfällt er in eine depressive Stimmung. Sie fürchtet um ihre Sicherheit, hat aber keine Möglichkeit, der Situation zu entfliehen. Mit 23 Jahren lebt Margaretha nun in Sindanglaya. In der abgelegenen Gegend gibt es keine Unterhaltung und keine Perspektive. Selbst Rudolph ist frustriert: »Man kann hier lediglich die Berge betrachten. In der Nacht ist es unheimlich still. Nur hier und da hüllt das trübe Licht einer Laterne die Wegkreuzungen in ungewisses Zwielicht [...]. Heute Nacht haben wir wieder eine Invasion von Schmetterlingen, fliegenden Ameisen, Termiten und Millionen kleiner Insekten gehabt, die uns verrückt machen«, schreibt er in die Niederlande.

In dieser tristen Umgebung und nach dem Tod des Sohnes scheint sich Margaretha aufgegeben zu haben. Ohne Geld kann sie ihren Mann nicht verlassen, sein Beruf hält sie auf Java gefangen. Aus dem einstigen Abenteuerparadies ist ein Gefängnis geworden. Zu Beginn des Jahres 1900 erkrankt sie an Typhus und entkommt nur knapp dem Tod. Wochenlang leidet sie an Fieber, doch Rudolphs Mitleid hält sich in Grenzen: »Wenn ich Dir sage, dass wir pro Tag fünf Flaschen Milch benötigen, die Flasche zu dreißig Centimes, dann wirst Du verstehen, dass ihre Krankheit uns finanziell schwer zu schaffen macht«, schreibt er seinem Vetter.

Jahre später erzählt der Armeearzt Roelfsema dem Biografen Sam Waagenaar, dass Margaretha sich ihrem Mann gegenüber immer korrekt verhalten hat. Obwohl dieser sie in aller Öffentlichkeit kränkte: »Ich habe oft darüber nachgedacht, ob nicht Margaretha Zelle vielleicht eine gute Frau und Mutter geworden wäre, wenn ihr Mann ein etwas ausgeglichenerer und feinfühligerer Mensch gewesen wäre. Ihre Ehe mit dem launenhaften, leicht erregbaren Major musste ein Misserfolg werden.«

Rückkehr nach Amsterdam

Endlich. Nach zwei Jahren beschließt Rudolph, den Dienst zu quittieren. Im März 1902 kehrt er mit Margaretha und Non nach Holland zurück. Sie hat nur ein Ziel: den Mann zu verlassen, der sie bedroht und geschlagen hat, der verhindert hat, dass sie ein Leben nach ihren eigenen Vorstellungen führt.

Rudolph mit seiner Tochter Jeanne Louise »Non«. Nach der Trennung der Eltern hat sie kaum noch Kontakt zu ihrer Mutter.

Doch wovon soll sie leben? Ihr Vater kann ihr nicht helfen. Der graue Himmel über Amsterdam scheint sie auf den Boden der Realität zurückzuholen. Aber muss nicht ein Mann für seine Frau und sein Kind sorgen? Wenn Rudolph ihr ein Haus besorgt und Unterhalt für sie zahlt, wird sie ihn nicht mehr belästigen, schlägt sie ihm vor. Doch was hat sie von ihm erwartet? Er beschimpft sie, sie habe seine Karriere ruiniert, den Tod des Sohnes verschuldet. Ob sie ihn nun auch finanziell zerstören will?

Die Familie kommt zunächst bei Verwandten unter, zieht jedoch kurze Zeit später in Amsterdam in eine eigene Wohnung. Nichtsdestotrotz ist die Ehe am Ende. Nach wenigen

Wochen ist Rudolph plötzlich verschwunden. Er findet Unterschlupf bei einem Cousin in Arnheim. Margaretha spürt ihn dort auf, beantragt die gesetzliche Trennung und die Vormundschaft für ihre Tochter.

Das Gericht folgt mit der »Trennung von Tisch und Bett« ihrem Antrag. Damit ist die Pflicht der Eheleute zum Zusammenleben aufgehoben. Innerhalb von drei Jahren können sie die Scheidung einreichen. Außerdem verpflichtet das Urteil Rudolph dazu, monatlich hundert Gulden Unterhalt für Non zu zahlen.

Doch Rudolph rückt nicht einen Gulden heraus, weder jetzt noch in Zukunft. Schlimmer noch, er macht seine Frau bei den Bekannten und Verwandten schlecht. An wen auch immer sie sich hilfesuchend wendet, Rudolph taucht kurz darauf auf, um den Verwandten zu drohen. Aus Angst lassen selbst ihr Vater und ihr Onkel Margaretha im Stich. Schließlich nimmt Rudolphs Schwester ihre Schwägerin mitsamt der Tochter auf. Rudolph besucht seine Ehefrau, heuchelt Bedauern und verschwindet endgültig mit der Tochter.

Margaretha ist 26 Jahre alt und allein. Erschöpft, ohne Zuhause, Geld oder Hoffnung. Nach und nach erkennt sie, dass der Zustand zwar schlimm ist, aber auch eine Chance bietet: Rudolph ist zwar ein schlechter Ehemann, aber ein guter Vater. Non ist bei ihm sicher aufgehoben. Und Margaretha muss jetzt nicht mehr gegen seine Vorstellungen vom Leben ankämpfen. Sie kann tun und lassen, was sie will. Sie beschließt, ihren großen Traum zu leben – sie geht nach Paris

»Ich habe nie gut getanzt«

Paris, Nabel der kultivierten Welt, Heimat zahlreicher Künstler und Ziel aller »Frauen, die vor ihrem Ehemann flüchten wollen«. Irgendwann im Jahr 1903 kommt Margaretha in der französischen Hauptstadt an. Sie mietet ein kleines Zimmer. Seit ihrer Kindheit wird sie für ihr Aussehen bewundert und schwärmt für schöne Kleider. Nun träumt sie davon, als Mannequin Karriere zu machen. Doch niemand engagiert sie. Da sie dringend Geld benötigt – ihr Mann zahlt keinen Unterhalt –, bietet sie sich Malern als Modell an. Octave Guillonnet (1872–1967) lehnt ab, angeblich, weil ihm ihre Brüste nicht gefallen. Margaretha wird ohnmächtig, da bekommt der Künstler Mitleid und porträtiert sie für ein Plakat des Théâtre de la Gaîté. Auch für Gustave Assire (1870–1941) steht sie einmal Modell. Weitere Aufträge bleiben aus, enttäuscht tritt sie die Heimreise an.

Ein knappes Jahr später macht sie sich erneut auf den Weg nach Paris. Hat sie einen Plan? Später wird sie einem Journalisten erzählen, dass sie zwar nur »einen halben Franc in der Tasche« gehabt habe, damit jedoch »geradewegs zum Grand Hotel« spaziert sei. Margaretha ist mittellos, ohne Berufsausbildung und ohne Aussicht auf eine Stelle, doch sie lässt sich nicht unterkriegen. Sie bewirbt sich als Reiterin (»Amazone«) im damals berühmten Cirque Molier. Jemand setzt ihr einen Floh ins Ohr: Mit einem Körper wie dem ihren müsse sie beim Tanzen mehr Erfolg haben als bei der Arbeit mit Pferden.

Tanzen? Margaretha hat zwar in Leeuwarden Tanzunterricht bekommen, in Indonesien aber nur Walzer und Quadrillen getanzt. Doch sie weiß, dass sie attraktiv ist und wie sie ihren Charme einsetzen muss. In Paris scheinen die Reichen ganz verrückt nach exotischen Kulturen zu sein, und auf Java und Sumatra hat sie die Einheimischen bei ihren Tänzen beobachtet. Warum soll sie es nicht einfach einmal damit versuchen? Später wird sie einem befreundeten Maler anvertrauen: »Ich habe nie gut getanzt. Dass die Menschen kamen, um mich zu sehen, verdanke ich nur der Tatsache, dass ich es als Erste wagte, mich unbekleidet der Öffentlichkeit zu präsentieren.«

Und damit ist Margaretha zur richtigen Zeit am richtigen Ort: In Frankreich blüht die Belle Époque. Die lange Friedenszeit nach dem Deutsch-Französischen Krieg 1870/71 hat eine neue Welle der Industriellen Revolution ausgelöst, vor allem in der elektrotechnischen und chemischen Industrie. Der Verbrennungsmotor tritt seinen Siegeszug an, die Stahlproduktion gewinnt an Bedeutung, Maschinen werden leistungsfähiger, Fortschritte in der Medizin erhöhen die Lebenserwartung. Der wirtschaftliche Aufschwung wird von einer Aufbruchstimmung begleitet. Während Arbeiter und Bauern weiterhin schuften müssen, profitiert das mittlere und gehobene Bürgertum von den Errungenschaften der Zeit und blickt zuversichtlich in die Zukunft. Als Folge entwickelt sich eine vielfältige Kultur der ungezwungenen Unterhaltung in den Cabarets, Ateliers und Galerien. Die Angehörigen der einflussreichen Schichten suchen nach Neuem, noch nie Dagewesenem. Unterhaltung, Luxus und Zerstreuung – genau das will Margaretha ihnen bieten und auf diesem Weg ihren Lebensunterhalt verdienen.

Die Kurtisane und ihre Welt

Die Kurtisane stand in adeligen oder hochbürgerlichen Kreisen für Liebesdienste bereit. Als Geliebte eines oder mehrerer reicher Männer ließ sie sich von diesen den Lebensunterhalt bezahlen. So konnten die meist verheirateten Männer ihre Sexualität ohne eheliche Verpflichtungen ausleben, die Kurtisane war finanziell unabhängig, sozial anerkannt und besaß oft auch einen politischen Einfluss. Manche Kurtisanen unterhielten im 19. Jahrhundert einen Salon, der auch ein Ort des kulturellen und geistigen Austauschs war.

Mitte des 19. Jahrhunderts wurde ihre Bezahlung in Paris streng reguliert: Sie richtete sich nach dem Wohndistrikt. Eine Frau in der Rue de Grammont konnte 300 Francs im Monat von ihrem Geliebten einfordern. Die Frauen aus Faubourg Saint-Honoré verlangten monatlich 2000 Francs sowie einen repräsentativen Wohnsitz, zwei Kutschen, zwei Pferde, einen Diener und einen Koch. Solche Absprachen gab es bis in die Zeit des Fin de Siècle.

»Jeden Abend fand ein Fest statt – immer mindestens siebzig Leute und immer die amüsantesten und berühmtesten«, erinnert sich die französische Tänzerin und Schriftstellerin Liane de Pougy (1869–1950): »Sie alle vergnügten sich damit, zu beobachten, Komplimente zu machen, zu tratschen und sich volllaufen zu lassen. Und was für Juwelen: Marthe Besnut trug einmal bei einer Einladung Schmuck im Wert von drei Millionen.« Ihr Leben habe damals »nur aus Freuden, Vergnügungen, Festen und Feiern« bestanden.

Die Feiernden teilen sich in zwei Gruppen: Die Angehörigen der *beau monde* sind reich und oft adelig. Sie setzen sich für wohltätige Zwecke ein und achten peinlich genau auf ihren untadeligen Ruf. Die Mitglieder der Halbwelt, der *demi-monde*, geben sich zwar mondän und leben luxuriös, gehören jedoch der anrüchigen Schicht an, zu ihnen zählen auch die Kurtisanen. Margaretha träumt davon, in einer schicken Wohnung zu leben, Juweliers und Kürschner zu besuchen – dafür zahlen soll kein weiterer Ehemann wie Rudolph, sondern lieber ein reicher Liebhaber.

Unter den prominenten Kurtisanen gibt es Schauspielerinnen und Sängerinnen. Doch diese Künste liegen Margaretha nicht. Als Tänzerin aufzutreten wie Isadora Duncan (1877–1927), das kann sie sich aber vorstellen. Von Duncan hat sie schon viel gehört. Die Tänzerin hat auch keine Ausbildung durchlaufen, ja sie lehnt das klassische Ballett sogar ab. Sie gilt als Erfinderin des modernen sinfonischen Ausdruckstanzes. Sie hat ein Körperempfinden populär gemacht, das sich an der Antike orientiert, und sogar klassische Konzertmusik in Tanz umgesetzt.

Bei ihren spektakulären Auftritten erscheint Duncan vor dem Vorhang, bleibt lange unbeweglich stehen, nähert sich bei den ersten Takten der Musik schreitend der Rampe, hält die Arme zu einer Krone geformt über den Kopf. Sie wartet, bis sie die Aufmerksamkeit der Zuschauer hat. Sie tanzt korsettlos und ohne Schuhe, gekleidet in griechisch-römisch anmutende Gewänder, die den Blick freigeben auf die bloßen Arme und Beine.

Isadora Duncan will mit ihrem Tanz die Gesellschaft verändern und Reformen anstoßen. Seit ihrer Jugend engagiert sie sich für ein selbstbestimmtes Leben der Frauen. Sie kritisiert die Ehegesetze, die aus Frauen rechtlose Wesen machen, und fordert ein Recht auf freie Sexualität. Das klassische Ballett symbolisiert für sie die herrschenden patriarchalischen Einschränkungen. Nur freie Tänze würden es den Frauen künftig erlauben, sich aus bestehenden Zwängen zu befreien. Ihre Aufführungen in Paris begeistern das Publikum. Doch Duncan möchte nicht nur Enthusiasmus entfachen, mit ihrer Tanzauffassung als Kunstform will sie auch politisch ernst genommen werden – was ihr in Frankreich nicht gelingt.

1904 erinnern sich noch viele Pariser an die Attraktionen der Weltausstellung: 48 Millionen Besucher haben die Paläste und Tempel auf den Champs de Mars bestaunt und das javanische Dorf auf der Esplanade des Invalides bewundert. Sie haben sich von den Tänzerinnen begeistern lassen, die dort gemeinsam mit einem Gamelan-Orchester aufgetreten waren. Eine Welt, die Margaretha vertraut ist. Sie kann zwar weder tänzerische noch akademische Qualifikationen vorweisen, doch sie hat die Tänze auf den Reliefs der Tempel studiert, Aufführungen von Liebestänzen bewundert und Bücher über indonesische Tänze gelesen. Die komplizierte Choreographie und die eindrucksvollen Kostüme haben sie beeindruckt. Damit weiß sie mehr über diese Tänze als die meisten Pariser, davon ist sie überzeugt. Von dem, was ihr an Fachwissen fehlt, will sie mit Hilfe einer ansprechenden Kostümierung und exotischer Atmosphäre erfolgreich ablenken. Und wer, wenn nicht die Tochter von »Baron« Adam Zelle, wird sich mit einer phantastischen Erzählung stilvoll und überzeugend in Szene setzen können?

»Eine Frau aus dem Fernen Osten, die aus Java stammende Gattin eines Offiziers, war von Düften umgeben und mit Juwelen beladen nach Paris gekommen, um etwas von der Farbenpracht und dem Leben des Orients in die übersättigte Gesellschaft der europäischen Großstädte einfließen zu lassen«, schreibt die Londoner Zeitschrift *The King* 1905 über einen der ersten Auftritte von Margaretha im Salon der Madame Kiréevsky. In dem Artikel heißt es weiter: »Eine große dunkle Gestalt schwebte herein. Ihre Arme waren auf der Brust unter einem Blumenmeer verschränkt. So stand sie einige Sekunden regungslos und starrte wie gebannt auf eine Statue Shivas am Ende des Raumes. Ihre dunkle Haut verschmolz mit den fremdartigen Juwelen in der mattgoldenen Fassung. Auf ihrem dunklen Haar hatte sie einen Helm aus gehämmertem Gold und unter ihren Armen einen ähnlich kunstvoll gefertigten Brustschild. Sie trug ein durchsichtiges weißes Gewand, und eine sonderbare Spange hielt das Tuch um ihre Hüften zusammen. Sie war in verschiedene zartfarbene Schleier gehüllt, die Schönheit, Jugend, Liebe, Keuschheit, Sinnlichkeit und Leidenschaft symbolisierten. [...] Mit langsamen, wiegenden, tigergleichen Bewegungen bat sie inständig den Geist des Bösen, ihr dabei zu helfen, ein Unrecht zu rächen. Die Bewegungen wurden immer heftiger, fieberhafter und hingebungsvoller. Zunächst warf sie die Blumen weg; dann entledigte sie sich nacheinander aller Schleier, womit sie andeuten wollte, dass sie ihm Schönheit, Jugend und Liebe opferte, und schließlich löste sie, im Zustand der Verzückung angelegt, ihren Gürtel und fiel ohnmächtig zu Shivas Füßen nieder.«

Das Publikum tobt. Margaretha vermischt javanische Straßentänze mit hinduistischen Tempeltänzen, ergänzt selbsterfundene Gesten und verleiht dem Ganzen damit eine eigene

Mata Hari als Tänzerin in Paris (1906). Mit dem Auftritt im Musée Guimet gelingt ihr der Durchbruch.

Note. Mit ernsthafter Orientalistik hat die Aufführung sicherlich nichts zu tun. Aber das hat sie auch gar nicht im Sinn. Sie will die reichen Pariser beeindrucken. Und das gelingt ihr mit dem spektakulären Auftritt auf Anhieb. Als sie dazu noch erklärt, heilige Tänze aufzuführen, befriedigt sie den (pseudo-) intellektuellen Anspruch ihres Publikums – ein Erfolg auf der ganzen Linie.

Gerüchte verbreiten sich, dass sie die Tochter eines orientalischen Herrschers sei. Margaretha unternimmt nichts, um diese zu korrigieren. Im Gegenteil: Wird sie nach ihrer Vergangenheit gefragt, behauptet sie schüchtern, in Indien in der Heiligen Stadt Jaffnapatam geboren zu sein. Ihr Vater sei ein hochangesehener Brahmane gewesen, ihre Mutter eine Tempeltänzerin, die als 14-Jährige bei der Entbindung gestorben sei. Da sie ihre Kindheit bei den Tempelpriestern verbracht habe, hätten diese sie im Tempeltanz unterrichtet. So sei sie dem

Beispiel ihrer Mutter gefolgt: »Von der Zeit an, als ich die ersten unsicheren Schritte unternahm, sperrte man mich in den berühmten Tempel Shivas, wo ich in den heiligen Tänzen unterwiesen wurde, um die Nachfolge meiner Mutter anzutreten. An diese Jahre habe ich nur noch die vage Erinnerung an ein eintöniges Leben; während der langen Morgenstunden lernte ich die Bewegungen der *bayaderes* nachzumachen, und nachmittags durfte ich in den Gärten herumlaufen, wobei ich Girlanden aus Jasmin flocht, die als Altarschmuck dienten. Als ich die Schwelle des Frau-Seins erreichte, beschlossen meine Hüter, mich Shiva zu weihen, und ich wurde in die heiligen Mysterien der Liebe und göttlicher Verehrung eingeführt.«

Schließlich habe sich ein schneidiger Offizier in sie verliebt und sie aus dem Tempel gerettet, berichtet sie. Er habe sie nach Java gebracht und dort geheiratet. Doch nach ihrer Hochzeit habe sich der Retter in einen brutalen Rüpel verwandelt. Er habe sie misshandelt und ihr in einem Anfall von Eifersucht sogar eine Brustwarze abgebissen. Sie habe zwei Kinder zur Welt gebracht (bei manchen Gelegenheiten ist es auch nur eins), diese seien jedoch durch einen betrunkenen Diener zu Tode gekommen. Verrückt vor Schmerz, habe sie ein Messer gegriffen und es dem Mörder ihrer Kinder ins Herz gestoßen.

Émile Guimet (1836–1918) wird auf Margaretha aufmerksam. Der Industrielle und Forschungsreisende aus Lyon investiert sein Geld in eine prachtvolle Sammlung von Kunstschätzen aus dem Orient. 1889 hat er in Paris das Musée National des Arts Asiatiques gegründet, das heute Musée Guimet des Arts Asiatiques heißt. Dort präsentiert er seine Schätze: Gemälde und Statuen, Schmuck, Stoffe und Apparaturen aus China, Japan, Südostasien und Indien. Die Weltausstellung hatte ihm viel öffentliches Interesse beschert. Nun bemüht er sich, seine Kunstsammlung vor dem Vergessen zu bewahren. Vermutlich hätte er Margaretha ohne Probleme als Lügnerin enttarnen können. Doch stattdessen macht er sie 1905 zu seinem Schützling. Margaretha ist von dem Vorschlag begeistert, in seinem Museum zu tanzen. Sein Ruf als Experte wird auf sie abstrahlen. Beide verfolgen das gleiche Ziel: Sie wollen vom Publikum gefeiert werden.

Der Auftritt wird klug vorbereitet: Margaretha darf sich dafür aus Guimets Sammlung Kleidung und Schmuck aussuchen. Guimet engagiert Tänzer, die sie auf der Bühne umrahmen sollen, und entwirft ein exotisches Bühnenbild. Bevor die Einladungskarten verschickt werden, soll sich Margaretha einen Künstlernamen ausdenken, mit dem sie als orientalische Künstlerin ernst genommen wird. Lady MacLeod, wie sie sich bisher genannt hat, klingt zwar hoheitsvoll. Doch der Name will nicht recht zu ihrem herausfordernden, immer aufreizenderen Tanzstil passen. Etwas Exotischeres, Vielversprechendes, Geheimnisvolleres muss her. In der Literatur gibt es viele Spekulationen, wie Margaretha zu ihrem neuen Namen kam. Hatte sie sich bereits auf Java so genannt und dies ihren Freundinnen geschrieben? Oder gefielen ihr die Bedeutung und der prägnante Klang des Begriffs »Mata Hari«, der auf Javanesisch »Auge des Tages«, also Sonne, bedeutet? Fest steht, dass Guimet ihre Wahl gutheißt. Den Tanz im Museum will sie dem hinduistischen Gott Shiva weihen, und ein perfekter Bezug dazu ist rasch gefunden: die Gattin Shivas trägt viele Namen, unter anderem wird sie »Mata« genannt.

Umgeben von Statuen, exotischen Stoffen, Blumen und Räucherstäbchen, gegenüber einem Shiva-Altar, führt Mata Hari schließlich brahmanische Tänze auf, wobei – strenggenommen ist es gar kein Tanz. Es gibt weder feststehende Tanzschritte

Mata Hari beim *Tanz der sieben Schleier* (1906)

noch eine formale Struktur. Sie interpretiert Erzählungen aus der Hindu-Mythologie und bewegt sich dabei rhythmisch zur Musik. Dramatische Posen reihen sich an anmutige Gesten und schlangenartige Drehungen. Das Publikum ist begeistert. Die Zeitung *Le Matin* berichtet von der »Séance, begleitet von harmonischer und wilder Musik« und den »lüsternen Gesten der orientalischen Tänzerin«, *La Presse* wird noch deutlicher: »Aufgerichtet in prächtiger Nacktheit, bot sie den Göttern die in ihr brennende Leidenschaft dar, und dann erhob sie sich, ohne jegliches Gefühl von Scham, graziös, hüllte sich in einen ihrer Schleier und ging, Shiva und den Parisern dankend, von stürmischem Applaus begleitet weg.«

Selbst Mata Hari muss erstaunt gewesen sein, als sie den Artikel las. Denn bei ihrem Tanz im Museum war sie nicht nackt gewesen, noch nicht: Noch trägt sie auf der Bühne ein hautfarbenes Körperkostüm und einen verzierten Büstenhalter. Doch die Sensationsmeldungen sind äußerst werbewirksam, innerhalb weniger Tage erhält Margaretha zahlreiche Einladungen zu Tanzfesten und Abendgesellschaften. Für den Auftritt bei einer Wohltätigkeitsveranstaltung zugunsten des russischen Roten Kreuzes fordert sie eine Gage von 1000 Francs. Nach nur wenigen Monaten ist sie der Liebling der Pariser Gesellschaft. Und weil sich das Gerücht hartnäckig hält, dass Mata Hari am Ende ihres Tanzes wirklich alle Schleier fallen lässt, setzt sie dies schließlich auch in die Tat um. Sie beendet ihren Tanz in einem verzierten Büstenhalter und einem mit Juwelen besetzten, knappen Slip.

Heute kann man sich die Aufregung kaum vorstellen, die dies 1905 hervorrief. Zu einer Zeit, als die Frauen Badeanzüge trugen, die von den Schultern bis zu den Waden reichten. Selbst Isadora Duncan musste ihre Karriere fast beenden, weil ihre Tanzschüler – Kinder zwischen vier und acht Jahren! – auf der Bühne nackte Arme und Beine zeigten. Während sich nun also die meisten Menschen in Europa an die strengen Sitten halten, ist die Pariser Elite davon überzeugt, dass diese Moralvorstellung nur für die Masse gilt. Sie wollen weder prüde noch bürgerlich sein. Auch wenn Mata Haris Kühnheit zunächst sogar die *beau monde* verblüfft, gibt es kein Zurück mehr. Schließlich hat die französische Elite den Ruf zu verlieren, dass in Paris alles möglich ist.

Margaretha ist über Nacht zum Star avanciert. Sie mietet eine Wohnung in der Rue Balzac 3, kauft ein Pferd, auf dem sie jeden Morgen im Bois de Boulogne ausreitet. Sie muss nicht als

Kurtisane arbeiten. Sie verdient genügend Geld, um von ihren Honoraren unabhängig und luxuriös zu leben. Und mit welchen Männern sie verkehrt, kann sie sich aussuchen: Die Herren der *beau monde* wetteifern um ihre Gunst. Mata Hari versteht es, ihre Besucher zu zerstreuen, zu betören und ihnen zu schmeicheln. Auch wenn sie nicht mit allen ein sexuelles Verhältnis unterhält, sind sich die Männer in Paris einig: »On s'amuse vachement bien chez Mata Hari« (»Bei Mata Hari kann man sich hervorragend amüsieren«).

Ihr Erfolg erzeugt auch Neid. Liane de Pougy, Tänzerin, Schriftstellerin und als Kurtisane die Königin der *demi-monde*, urteilt böse über sie: »Ungeschliffen, ohne Eleganz, sehr aggressiv und sicher keine Freundin von mir. Ihre Augen mögen schön sein, doch sie hat einen gehässigen und verstohlenen Blick, und ihr Ausdruck ist insgesamt hart und gewöhnlich. Ihre Stimme ist zu laut, sie kleidet sich schlecht, und wenn sie geht, dann macht sie, was ganz und gar nicht weiblich aussieht, große Schritte.« Die Schriftstellerin, Varietékünstlerin und Journalistin Sidonie-Gabrielle Claudine Colette, meist nur Colette genannt (1873–1954), bezeichnet Margaretha als »Pseudo-Hinduistin«, die zwar nicht tanzen könne, es aber durchaus verstehe, sich auszuziehen. Die Ehefrauen der etablierten Gesellschaft müssen gute Miene zum bösen Spiel machen: Sie haben die Tänzerin in ihren Kreis eingeführt. Nun können sie Margaretha nicht ohne Gesichtsverlust vorhalten, dass ihre Ehemänner sich ihr an den Hals werfen. Sie hoffen darauf, dass die Modeerscheinung Mata Hari rasch wieder verschwindet.

Aber Margaretha ist gekommen, um zu bleiben. Olympia-Theater, Trocadéro, Folies Bergère: 1905 absolviert sie über 35 öffentliche Auftritte in den bekannten Etablissements und tritt bei zahllosen Privatvorstellungen auf, unter anderem bei der Comtesse de Trédern, bei Prinzessin Murat und auf Einladung von Henri de Rothschild. Ihre Honorarsätze steigen, allein der Auftritt im Olympia-Theater bringt ihr 10 000 Francs ein, die sie großzügig für Kleider, Hüte, Schuhe, Juwelen, Pelze und Möbel ausgibt. Zum Vergleich: Ein Chefkoch verdient im gleichen Jahr pro Monat 100 Francs, der Kammerdiener einer gutbetuchten Familie 80 Francs.

Ist das Tanzen für Margaretha zunächst nur ein Mittel, um den Lebensunterhalt zu verdienen, lässt sie sich immer stärker von den positiven Kritiken beeinflussen und glaubt schließlich selbst an ihre künstlerische Begabung. Selbstbewusst plant sie Auftritte in Wien, Rom und Berlin. Der bescheidene Anwalt Édouard Clunet, der zwar nicht zum Kreis ihrer Geliebten zählt, sich aber noch als treuer Freund erweisen soll, empfiehlt ihr den führenden Theateragenten in Europa: Gabriel Astruc.

Astruc hat zu jener Zeit bereits die französischen Debüts des Pianisten Artur Rubinstein (1904) und der Pianistin und Cembalistin Wanda Landowska (1903) organisiert. Er vertritt später den Opernbass Fjodor Schaljapin und Sergej Djagilew mit seinem berühmten russischen Ballett. Von Mata Hari verspricht er sich volle Theaterränge und akzeptiert sie als seine Klientin. Sie wird es für die nächsten zehn Jahre bleiben.

1906 vermittelt Astruc seinem neuen Schützling ein zweiwöchiges Engagement in Madrid. Als Zeichen für ihr neues Image als professionelle Tänzerin setzt Mata Hari ihr hautfarbenes Kostüm wieder ein – und enttäuscht damit das spanische Publikum. Wo bleibt die berühmte Nacktheit, von der alle schwärmen?

Clunet, besorgt um Margarethas Wohlbefinden, hat ihr vor der Abreise empfohlen, sich mit einem befreundeten französischen Diplomaten in Madrid in Verbindung zu setzen. Der integere Jules Cambon wird rasch ihr Geliebter. Er tröstet sie nicht nur über die Reaktion des Madrider Publikums hinweg, er bleibt auch später ein wertvoller Freund.

Der nächste Auftritt führt sie nach Monte Carlo. An der Oper soll sie in der Ballettszene von Jules Massenets Oper *Le roi de Lahore* tanzen. Mata Hari ist aufgeregt. Einerseits will sie als Künstlerin ernst genommen werden, andererseits sorgt sie sich seit ihrem Auftritt im Musée Guimet davor, dass ihr Täuschungsmanöver auffliegen könnte. Bisher ist alles gutgegangen, doch wie wird das versierte Opernpublikum auf sie reagieren? Sie investiert viel Zeit in die Vorbereitungen und hat Erfolg. Selbst Massenet ist von ihrer Leistung angetan. Es folgen Engagements in Wien, wo sie begeistert gefeiert wird.

1906 trifft eine Nachricht von ihrem Ehemann ein: MacLeod verlangt von ihr die Scheidung. Diese würde den dauerhaften Verlust ihrer Tochter bedeuten, Margaretha ist aufgewühlt. Drei Jahre nach der Trennung von Non und sieben Jahre nach Normans Tod beschließt sie, um ihre Tochter zu kämpfen. Da nach holländischem Recht beide Partner einer Scheidung zustimmen müssen, verweigert sie ihre Unterschrift. Doch Rudolph erpresst sie mit einem Foto, das sie nackt zeigt. Mit dem Bild will er vor Gericht beweisen, dass sie als Mutter ungeeignet ist. Non ist mittlerweile acht Jahre alt. Um ihrer Tochter einen Skandal zu ersparen, gibt sie nach und willigt in Rudolphs Forderung ein. Im April 1906 wird das Ehepaar MacLeod in Amsterdam geschieden, Rudolph wird das Sorgerecht für die Tochter zugesprochen.

1907 erobert Mata Hari Berlin. Im Varieté Wintergarten an der Friedrichstraße wird die Tänzerin als Sensation gefeiert. Sie beginnt ein Verhältnis mit Alfred Kiepert. Der Leutnant der Westfälischen Husaren ist attraktiv, groß, blond – und verheiratet. Er richtet für seine aufregende Geliebte eine mondäne Wohnung in der Nachodstraße 18 ein, das Paar bleibt mehrere Monate zusammen. Sie begleitet ihn nach Schlesien, wo er ein Militärmanöver begutachten soll. Eine Reise, die später noch für Aufmerksamkeit sorgen wird. Außerdem tanzt sie vermutlich vor dem deutschen Kaiser Wilhelm II. und dessen Familie. Die Zeitungen verbreiten pikante und widersprüchliche Geschichten über ihre Herkunft. Sie behaupten sogar, dass der deutsche Kronprinz ihr Geliebter sei, ein Gerücht, das Margaretha nicht dementiert und das ihr noch schaden sollte. Kurze Zeit später kursieren noch mehr erfundene Geschichten über sie. Sie stammen aus einer erfundenen Biografie, die ihr Vater geschrieben haben soll.

1907 reist Margaretha zur Erholung nach Ägypten. Anschließend will sie an ihren beruflichen Erfolg in Monte Carlo anknüpfen und ihre ernsthafte Karriere fortsetzen. Da Astruc die Uraufführung von Richard Strauss' Oper *Salome* inszeniert, soll er sie gleich für die Hauptrolle vorschlagen, schreibt sie ihm und macht sich voller Vorfreude auf den Weg nach Paris.

Doch die Metropole hat nicht auf sie gewartet. Andere Tänzerinnen beherrschen mittlerweile die Bühnen und lassen kunstvoll ihre Hüllen fallen. Colette ist die Diva des Trocadéro, Sulamith Raha zeigt marokkanische Tänze im Olympia. Mata Hari ist der Star von gestern, ein Auftritt in *Salome* unrealistisch. Astruc kann ihr zwar hin und wieder kleinere Engagements besorgen, doch sie reichen bei weitem nicht aus, um ihren aufwendigen Lebensstil zu finanzieren.

1908 liegt die Belle Époque in den letzten Zügen. Eine neue Künstlergeneration wendet sich gegen den naturalistischen Impressionismus von Claude Monet, Edgar Degas, Camille

Pissarro und Pierre-Auguste Renoir. Inspiriert von Georges Braque und Pablo Picasso, steht sie für den Expressionismus und den Kubismus. In seinem *Futuristischen Manifest* schwört Filippo Tommaso Marinetti der gegenständlichen Kunst ab. In der Musik werden Komponisten wie Claude Debussy, Joseph-Maurice Ravel, Jules Massenet und Gabriel Fauré durch Igor Strawinsky, Darius Milhaud und Francis Jean Marcel Poulenc abgelöst. Hatte Richard Wagner ausgelotet, was Sigmund Freud das Unbewusste nennt, verabschiedet sich Arnold Schönberg nun mit der Zwölftontechnik von der tonalen Harmonielehre. 1910 kommt der Jugendstil aus der Mode. Zwei Jahre später sinkt die Titanic, und mit ihr verschwinden der naive Technikglaube und der fröhliche Optimismus. Die glanzvolle Ära, die 1880 begonnen hat, endet im Schreckensjahr 1914.

Wegen ausbleibender Engagements muss Margaretha zunächst eine Karrierepause einlegen. Erst 1910 verschafft Astruc ihr in Monte Carlo die Rolle der Kleopatra in *Antar*, einer Vertonung von Nikolai Andrejewitsch Rimski-Korsakow. Die Opernaufführung kommt beim Publikum gut an. Die Besucher sind von Mata Hari entzückt – nicht jedoch der Regisseur Monsieur Antoine: »Das Mädchen tanzt ja wie ein Trampel«, findet er. Als er mit seiner Inszenierung nach Paris weiterzieht, verzichtet er auf Mata Haris Einsatz. Lange hat sie eine solche Demütigung gefürchtet, nun hat Antoine ihren wunden Punkt getroffen. Geschockt übergibt sie die Angelegenheit ihren Anwälten, die den Regisseur auf Vertragsbruch verklagen. Ihr Selbstvertrauen ist schwer erschüttert. Jetzt braucht sie nicht nur Geld, sondern auch einen Freund. Dafür bietet sich Xavier Rousseau an. Der Banker Anfang 40 ist nicht nur reich, sondern hat ihr bereits monatelang den Hof gemacht. Sie nimmt sein Angebot, für sie zu sorgen, dankbar an.

Mata Hari um 1909. Als Tänzerin verliert sie an Bedeutung.

Auf ihren Wunsch hin kauft ihr Rousseau ein kleines Château in einem Dorf bei Tours. Weit weg von Paris und Monte Carlo will sie ihre Wunden lecken. Sie zieht sich zurück. Wie auf Java streift Margaretha in einfachen Kleidern durch die Gegend, genießt ein Leben ohne Partys. Die vergangenen zehn Jahre hat sie damit zugebracht, Aufregung, Ruhm und Abenteuer zu suchen. Nun ist sie ausgelaugt. An den Wochenenden bekommt sie Besuch von Rousseau, der ihr Leben so annehmlich wie möglich gestaltet mit Blumen im ganzen Haus, einem Pferd, um die Gegend zu erkunden, Dienern, die sich um ihr Wohl kümmern.

Doch Margaretha ist nicht für ein dauerhaftes Leben in ländlicher Beschaulichkeit geschaffen. Als ihr Anwalt ein Jahr später mitteilt, dass Monsieur Antoine ihr 3000 Francs Schadenersatz zahlen muss, kehrt sie umgehend nach Paris zurück. Dort angekommen, muss sie feststellen, dass sich Rousseau finanziell übernommen hat. Er kauft ihr zwar noch ein elegantes Haus im Vorort von Neuilly-sur-Seine, doch dann trennen sich die beiden. Margaretha hat sich von der Demütigung in Monte Carlo erholt, das Gerichtsurteil hat ihr Selbstvertrauen gestärkt. Sie schlüpft in ein neues Kleid und erkundet Paris.

In der Folge des Militärbündnisses zwischen Russland und Frankreich ist mittlerweile auch Sergej Djagilew (1872–1929) in der Metropole angekommen. Der Impresario, Moderator und Sprecher hat russische Gemälde ausgestellt, Konzerte veranstaltet und die Oper *Boris Godunow* von Modest Mussorgski aufgeführt. 1909 präsentiert er das Ballett *Les Balletts Russes* mit Tänzern wie Vaslav Nijinsky, Anna Pawlowa, Tamara Karsavina, dem Choreografen Michel Fokine, mit den Kostümen von Leon Bakst und Alexandre Benois und der Musik von Glinka, Borodin, Mussorgski und Rimski-Korsakow und Igor

Strawinski. Djagilew gelingt es, die Einstellung der Besucher zum Tanz zu revolutionieren: Tanz wird bald als Kunstform ernst genommen.

Margaretha merkt sofort, dass eine orientalische Tänzerin wie sie in Paris nicht mehr gefragt ist. Alle wollen die russischen Tänzer sehen, stellt sie frustriert fest. Ihr Optimismus weicht einer niedergedrückten Stimmung. Auch der Versuch, Kontakt mit ihrer 13-jährigen Tochter aufzunehmen, scheitert. Zu allem Überfluss ist von den finanziellen Mitteln, die Rousseau ihr gab, kaum noch etwas übrig. Aber die 35-Jährige benötigt Geld, viel Geld – für den Haushalt, die Bediensteten, das Futter der Pferde, Kleidung, Schmuck und ihren eigenen Lebensunterhalt. Schließlich bietet sie ihre Liebesdienste in verschiedenen Häusern an. In den *maisons de rendez-vous* in der Rue Byron 14 und in der Rue Galilée 5 garantieren ihr die Besitzer jeweils 1000 Francs pro Nacht.

1912 erinnert sich plötzlich ihr Agent an sie. Astruc, der mit Djagilew so erfolgreich ist, vermittelt ihr ein Engagement in der Mailänder Scala. Nach der Musik von Marenko soll sie die Venus darstellen und in der Oper *Armida* von Gluck ihren Tanz »Die Prinzessin und die Zauberblume« zeigen. Djagilew hat Mailand noch nicht erobert, und selbst acht Jahre später wird er nur halbvolle Häuser vorfinden. Auch auf Mata Hari reagiert das italienische Publikum gleichgültig, die Presse nimmt kaum Notiz von ihr. Doch Margaretha blendet die zurückhaltenden Reaktionen aus und kehrt beschwingt nach Neuilly zurück, wo sie kurze Zeit später eine Soirée im Freien abhält. »Die Tänze, die sie vorführte, vermittelten einen tiefen Eindruck von religiösen Riten, von Liebe und Leidenschaft und wurden hervorragend dargeboten«, schreibt der Londoner *Tatler* am 24. September 1913 in einer zweiseitigen Fotoreportage.

Ermutigt durch Astrucs Vermittlung, schlägt Margarethas Euphorie in eine völlige Selbstüberschätzung um. Sie fordert ihn auf, ihr ein Engagement bei Djagilews Truppe zu besorgen. Die russischen Tänzer sind auf dem Höhepunkt ihres Erfolgs. Auftritte in Berlin, Wien, Budapest, London und Paris reihen sich aneinander. Nur Künstler mit größter Begabung und bester Ausbildung haben eine Chance, aufgenommen zu werden. Djagilew braucht niemanden wie Mata Hari. Um seinem Freund einen Gefallen zu tun, lässt er sie zum Vortanzen bei seinem Bühnenbildner Leon Bakst kommen. Margaretha überspannt den Bogen und kündigt schon vorher überall an, dass sie der neue Star der Djagilew-Truppe sein wird. Doch das Vortanzen wird zu einer völligen Demütigung: Bakst fordert Margaretha auf, sich zu entkleiden. Er mustert sie ausführlich und erklärt ihr dann, dass sie für die Tanztruppe nicht geeignet sei.

Die Schmach von Monte Carlo hat sich wiederholt! Schlimmer noch, mittlerweile scheint die ganze Welt zu wissen, wie es um ihr künstlerisches Talent bestellt ist. Margaretha ist zutiefst verzweifelt. Sie nimmt jeden kleinen Auftritt an, den sie bekommen kann – wie obskur und gering bezahlt er auch sein mag: Sie tanzt an der Université des Annales, um einen Vortrag über indische Kunst zu illustrieren. Im Folies Bergère tritt sie in einer spanischen Show auf. Auf Sizilien wird sie in ein Provinzvarieté engagiert. Die Anstrengungen machen sich bei ihr bald auch körperlich bemerkbar, sie nimmt zu und bekommt graue Haare. Sie beginnt zu sparen, entlässt das meiste Personal, verkauft die Pferde, verpfändet diskret Schmuck und nutzt nur noch einen Teil des Hauses. Enttäuscht verlässt sie 1914 Paris und macht sich auf den Weg nach Berlin.

Dort trifft sie Alfred Kiepert wieder und auch Jules Cambon, der mittlerweile als französischer Botschafter in Deutschland lebt. In den letzten Wochen und Monaten haben die internationalen Spannungen zugenommen, Kriegsgerüchte machen die Runde. Cambon macht sich keine Illusion. Er weiß, warum Präsident Raymond Poincaré nach Petersburg gereist ist und welche Themen er mit dem Zaren besprechen will. Er ahnt, über welche Themen Kaiser Wilhelm und Erzherzog Ferdinand diskutieren werden. Er sendet der französischen Regierung zahlreiche Berichte und warnt vor der deutschen Bedrohung.

Margaretha bittet Cambon um Kontakte zur Theaterszene. Im Mai unterschreibt sie einen Vertrag mit dem Metropol-Theater. Ab September soll sie in einer Operette auftreten. Beflügelt von dieser Aussicht, lebt sie auf. Doch die Kriegserklärung im August 1914 beendet ihre Pläne abrupt. Das Theater schließt, ihr Comeback fällt aus. Sogar ihre Pelze und ihr Schmuck werden beschlagnahmt. Margaretha versucht, über Zürich nach Paris zu reisen. Doch die Schweiz lässt niemanden mehr ohne gültige Papiere passieren. Ohne Gepäck kehrt sie aufgelöst nach Berlin zurück.

Die Deutschen wollen in Belgien einmarschieren. König Albert bittet Großbritannien um Unterstützung. Der größte Teil des deutschen Heeres soll sich von Norden aus durch das Nachbarland Richtung Frankreich bewegen, um die französischen Streitkräfte zu umzingeln, die man weiter südlich an der deutsch-französischen Grenze vermutet. Innerhalb weniger Tage machen mehr als drei Millionen Soldaten in Deutschland, Belgien und Großbritannien für die Marneschlacht mobil, die am 5. September 2014 begann. Dabei reicht das Kampfgebiet von Lüttich im Norden entlang der gesamten deutsch-französischen Grenze bis nach Mülhausen an der Grenze zur Schweiz.

Kein Zivilist darf der Trennungslinie zu nahe kommen. Margaretha kann nur noch über die Niederlande ausreisen. Doch sie besitzt weder Geld noch Kleider zum Wechseln. Sie schließt sich einer Gruppe von Ausländern an, die sich gegenseitig Mut machen. Aus Mitleid zahlt ihr ein Niederländer die Hotelrechnung und besorgt ihr eine Fahrkarte nach Amsterdam. Dort kommt sie am 16. August 1914 erschöpft an. Die Bevölkerung ist mit der Sorge über die holländische Neutralität beschäftigt. Wegen der geografischen Lage ist das Land bedroht, sowohl von deutscher Seite her als auch von der der Alliierten.

Margaretha fühlt sich fremd in ihrer Heimat. Die Moralvorstellungen haben sich kaum gewandelt. Sie versucht, sich anzupassen, und verhält sich abwartend. Einige Wochen später sind die Deutschen durch Belgien nach Frankreich marschiert, in Holland legt sich die Kriegsangst. Nun will Mata Hari ihre Karriere wieder beleben. Am 14. Dezember 1914 tanzt sie in Den Haag zum ersten Mal vor heimischem Publikum. Doch die Zuschauer reagieren enttäuscht: Mata Hari hat nicht alle Schleier fallen gelassen. Vier Tage später tritt sie zum letzten Mal öffentlich auf, ausgerechnet in Arnheim, dem Ort, an dem ihr Exmann und ihre Tochter leben. Rudolph lehnt eine Einladung zur Aufführung ab, es gebe nichts, was er an seiner Exfrau nicht schon gesehen habe. Von der Öffentlichkeit fast unbemerkt, knapp zehn Jahre nach ihrem Debüt in Paris endet Mata Haris Tanzkarriere.

»Agentin H 21 ist in Madrid angekommen«

Margaretha versucht, das Beste aus ihrer Situation zu machen. Noch hat sie nicht realisiert, dass ihre Tanzkarriere vorbei ist. Sie lernt Baron Eduard van der Capellen kennen. Einen Monat später lebt sie in dessen Haus in Den Haag. Für ihr finanzielles Auskommen muss sie einiges in Kauf nehmen: Der 52-jährige Oberst ist zwar reich und großzügig, aber er ist auch ein launenhafter Tyrann, der seine Geliebte als seinen persönlichen Besitz betrachtet. Wenn er ruft, muss sie springen. Da der Krieg jetzt immer öfter die Anwesenheit des Barons bei seinem Regiment erfordert, hat Margaretha viel freie Zeit. Sie kümmert sich um ihre Kleidung, renoviert das Haus – und langweilt sich.

Ein abendlicher Besuch des Presseattachés der deutschen Botschaft verspricht Abwechslung. Ob er eine Affäre mit ihr beginnen will? Doch sie täuscht sich: »Karl Kramer war über meine Beziehungen zu Frankreich informiert und fragte mich, ob ich wohl einige kleinere Aufträge in Paris erledigen könnte, die das deutsche Volk sehr zu schätzen wüsste.« Als sie erstaunt reagiert, bietet er ihr 20 000 Francs für ihre Dienste an. Sie bittet um Bedenkzeit. »Ich erinnerte mich an meine wertvollen Pelze, die vom Theater in Berlin konfisziert worden waren, und begriff, dass dies die ideale Gelegenheit sein würde, um mich für den Verlust schadlos zu halten. Deshalb schrieb ich an Kramer und akzeptierte sein Angebot«, erinnert sie sich später. Er stattet sie mit drei Fläschchen Geheimtinte aus und weist sie Ende 1915 an: »Fahren Sie nach Paris und schicken Sie uns alle Informationen, die Sie nur kriegen können und die für uns interessant sein könnten.« So beginnt Mata Haris Karriere als Agentin.

Froh über die Ablenkung, begibt sich Margaretha auf die Seereise über England nach Paris. Im Hafen von Folkestone wird ein englischer Beamter auf sie aufmerksam. Zum Glück hat sie die Geheimtinte schon zu Beginn der Überfahrt über Bord geworfen, daher findet der Beamte nichts Verdächtiges bei ihr. Dennoch notiert er: »Hübscher, dreister Typ Frau. Gut und elegant gekleidet, trägt braunes Kostüm mit Besatz aus Waschbärpelz und dazu passenden Hut. [...] Sie macht einen äußerst unbefriedigenden Eindruck und sollte keine Erlaubnis erhalten, nach Großbritannien zurückzukehren.« Diese Information leitet er auch an die französischen Behörden weiter. Doch die französische Spionageabwehr reagiert nicht. Mata Hari hat erneut Glück, doch davon ahnt sie nichts.

In Paris quartiert sie sich mit Kramers Geld im Grand Hotel ein und gibt an, ihren zurückgelassenen Besitz abholen zu wollen. Wie sehr hat sie sich nach der Stadt gesehnt! Doch das Leben ist mit dem der vergangenen Jahre nicht zu vergleichen. Tausende von Soldaten ziehen durch die Stadt. Überall stehen die Menschen nach Brot, Eiern, Milch und Kohle an. Mata Hari fällt durch ihre protzige Vorkriegskleidung auf. Längst sind die imposanten Hüte und langen Röcke einer schlichten, zweckmäßigen Mode gewichen. Die Frauen tragen nun kürzere Röcke in ruhigen Farben. Es gilt als unpatriotisch, sich über die äußere Erscheinung Gedanken zu machen. Läden und Geschäfte werben nicht mehr mit verführerischen Auslagen. Die Salons sind geschlossen, die Belle Époque gehört der Vergangenheit an.

Mata Hari trifft sich mit einigen Männern, beginnt eine Affäre mit Henri de Margerie und genießt, trotz der Einschränkungen, ihr Leben in der Metropole. Mehrfach verschiebt sie ihre Heimreise, doch sie will Baron van der Capellen nicht zu stark verärgern, schließlich zahlt er ihr weiterhin den Lebensunterhalt. Im Januar 1916 verstaut sie ihren Hausrat aus Neuilly in zehn Kisten und reist über Südfrankreich nach Spanien, wo sie sich nach Den Haag einschifft. Hat sie dem deutschen Geheimdienst aus Paris Informationen geschickt? Einige Biografen behaupten, dass sie noch aus Paris telegrafiert, »dass vorläufig, namentlich jetzt, in Frankreich nicht an eine französische Offensive gedacht wird«. Andere geben an, dass sie Kramer erst nach ihrer Rückkehr und auf dessen Drängen hin berichtet – allerdings nur Klatsch und Tratsch.

In Den Haag wächst Mata Haris Unzufriedenheit. Nur wenige Monate nach ihrer Rückkehr sehnt sie sich so sehr zurück nach Paris, dass sie Kramer erneut um Geld bittet. Der Historiker Philippe Collas hat darauf hingewiesen, dass in Frankreich kurz zuvor ein für Deutschland maßgeblicher Spion gestorben war. Kramer sucht Ersatz. Margarethas erster Einsatz mag enttäuschend gewesen sein, doch hat die Tänzerin nicht Zugang zu den einflussreichen Kreisen? Kramer schickt sie im Mai 1916 nach Köln und Frankfurt, wo sie innerhalb von sieben Tagen zur Agentin H 21 ausgebildet wird. Mit 15 000 Francs in der Tasche wird sie erneut nach Paris entsandt.

Doch weil die Tänzerin schon auf ihrer vorigen Reise, die sie auf dem Seeweg über Großbritannien nach Paris geführt

Mata Haris Welt

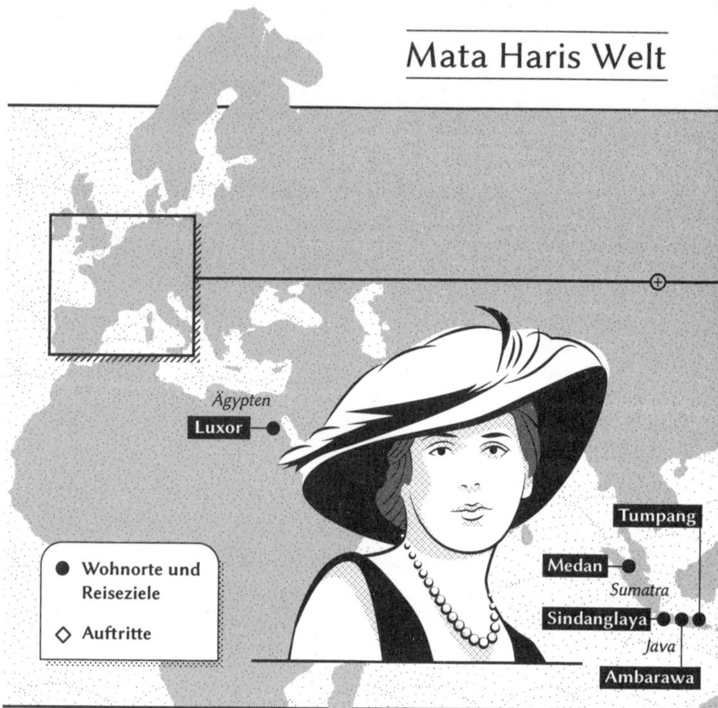

- **7.8.1876:** Geburt von Margaretha Geertruida Zelle in Leeuwarden, Niederlande
- **1891:** Umzug nach Sneek, Ausbildung in Leiden
- **1892:** Umzug nach Den Haag
- **1895:** Heirat, Reise nach Wiesbaden, Umzug nach Amsterdam
- **1897:** Aufbruch nach Java (Ambarawa, Tumpang)
- **1899:** Umzug nach Sumatra (Medan)
- **1900:** Umzug nach Java (Sindanglaya)
- **1902:** Rückkehr nach Amsterdam. Trennung. Umzug nach Den Haag
- **1903:** Reise nach Paris
- **1904:** Umzug nach Paris
- **1905–1907:** Auftritte als »Mata Hari« in Paris, Madrid, Monte Carlo, Wien, Berlin

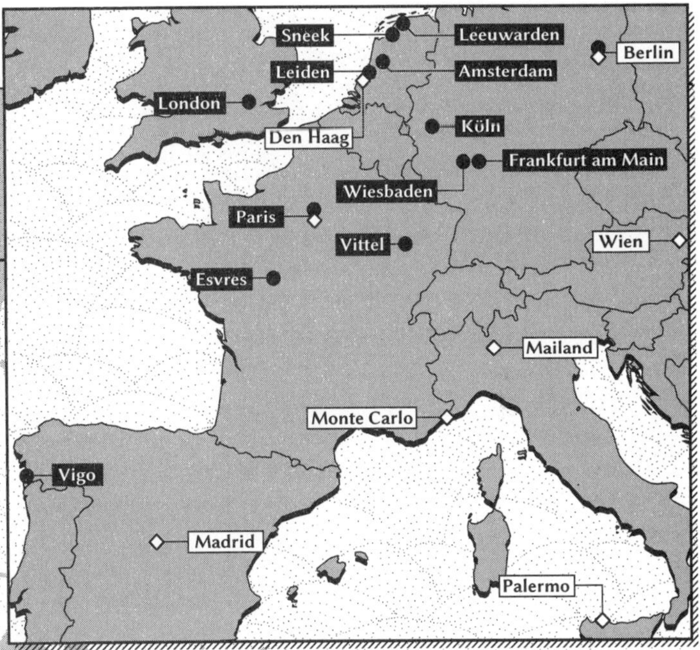

1907: Umzug nach Berlin, Reise nach Luxor (Ägypten), Rückkehr nach Paris

1910: Monte Carlo

1910: Umzug nach Esvres

1911: Mailand

1911: Umzug nach Neuilly-sur-Seine

1913: Palermo

1913: Reise nach Berlin

1914: Reise nach Amsterdam über Frankfurt, Umzug nach Den Haag

1914: Den Haag, Arnheim

1915: Reise nach Köln und Paris. Spionageausbildung in Frankfurt

1916: Reise nach Den Haag, Vigo, Madrid, Paris, Vittel. Verhör in London

1917: Reise nach Paris, Verhaftung. Hinrichtung in Vincennes am **15.10.17**

hat, ins Visier der Engländer geraten ist, wird sie seit Januar 1916 vom britischen Geheimdienst überwacht. Ihre Verbindung zu Kramer ist dort längt bekannt, eine Einreise nach Großbritannien wird ihr nun verweigert. Ihr Name trägt im Ausländerregister den geheimen Vermerk: »Sollte sie nach England kommen, ist sie zu verhaften und an Scotland Yard zu übergeben.« Statt argwöhnisch zu werden, reagiert Mata Hari verärgert. Schließlich ändert sie ihre Route und bricht unbekümmert nach Spanien auf, um von dort aus nach Frankreich zu gelangen.

Zu überwachen

In der französischen Metropole herrscht ein Klima der Denunziation. Soldaten und die Zivilbevölkerung melden alle, die sich auffällig verhalten. Besonders Ausländer werden argwöhnisch belauert. Die Mitglieder der *beau monde* meiden jeglichen Kontakt zu ihnen. Zehntausend Meldungen werden pro Monat über Verdächtige gemacht. Ein Sondergericht soll mögliche Feinde Frankreichs entlarven. Eine regelrechte Spionagehysterie hat in Frankreich wie in England eingesetzt.

Die Informationen des britischen Geheimdienstes über Mata Hari und Hinweise aus der französischen Zivilbevölkerung führen dazu, dass der französische Geheimdienst eine Akte über Mata Hari anlegt, die den Vermerk trägt »Zu überwachen«. Mit kurzen Unterbrechungen steht sie von Juni 1916 bis zu ihrer Verhaftung am 13. Februar 1917 unter Beobachtung. Doch von alledem ahnt sie nichts. Sie empfängt etliche Besucher, darunter auch Leutnant Jean Hallaure, den sie von früher kennt und der nun im Kriegsministerium arbeitet. Er wird als

Köder auf sie angesetzt. Zügig gewinnt er ihr Vertrauen, sie tauscht sich mit ihm aus, unter anderem über die Veränderungen, die in der Stadt vorgehen.

Durch den Krieg hat sich die Rolle der Frau stark gewandelt. Sie ist es, die nun die Verantwortung für das Haus und die Familie trägt. 90 Prozent der Frauen müssen ihre Kinder selbst ernähren. Viele arbeiten in Männerberufen als Straßenkehreeinnen, in Banken und Munitionsfabriken. Sie leiten damit einen fundamentalen Wandel ein. »Wenn die in den Fabriken beschäftigten Frauen die Arbeit für zwanzig Minuten niedergelegt hätten, hätten die Alliierten den Krieg verloren«, ist der französische Stabschef und Oberbefehlshaber General Joffe später überzeugt. Das Leben der Frauen ist hart, aber sie werden dadurch auch unabhängiger. Nach Kriegsende wird es in Paris keine Berufe mehr geben, die ausschließlich Männern vorbehalten sind. Selbst die Frauen der reichen Familien leisten ihren Beitrag: Statt zu sticken, stricken sie nun warme Socken für Soldaten und sammeln Spenden. Margaretha fühlt sich vom starken Zusammenhalt der Franzosen ausgeschlossen. Sie will ihre Karriere als Tänzerin wiederbeleben und zur Aufmunterung der Soldaten beitragen. Sie bittet daher ihren Agenten um Engagements.

Vadime schwer verwundet

Die Theater und Varietés waren 1914 geschlossen worden, um ihre Wiedereröffnung entbrannte ein Jahr später eine heftige Kontroverse: Die Gegner halten eine Eröffnung für frivol, die Befürworter betonen, dass 75 000 Arbeitsplätze davon abhängen. Man dürfe nicht den Eindruck erwecken, dass der Feind

Paris in die Knie zwingt, fordern sie. Schließlich einigen sich beide Gruppen darauf, dass die Etablissements wieder öffnen dürfen, allerdings mit Einschränkungen: Von allen Einnahmen werden 15 Prozent Abgaben erhoben und an Hilfsorganisationen verteilt, ein Viertel der Plätze als Freiplätze für Verwundete reserviert und Spenden gesammelt. Darüber hinaus verpflichten sich die Veranstalter zu patriotischen Aufführungen. Selbst Margaretha wird unter diesen Umständen klar, dass ein Comeback für sie unmöglich ist.

Völlig unerwartet verliebt sie sich in einen russischen Hauptmann, Vadime de Masloff, der seinen Fronturlaub in Paris verbringt. Er gehört einer der russischen Einheiten an, die in die Gefechte verwickelt sind. Waren Margarethas frühere Beziehungen vor allem von finanziellen Interessen geprägt und oberflächlich auf Unterhaltung und Zerstreuung ausgerichtet, hat sie zum ersten Mal seit langer Zeit ernsthafte Empfindungen für einen Mann. Der 21-jährige de Masloff erwidert die Gefühle der 38-Jährigen. Auf der Rückseite eines Fotos, das das Paar zeigt, notiert sie: »Zum Andenken an einige der schönsten Tage in meinem Leben, zusammen mit meinem Vadime, den ich mehr liebe als alles andere auf der Welt.«

Nur wenige Wochen nach dieser Aufnahme erreicht sie die Nachricht, dass ihr geliebter Vadime an der Somme schwer verwundet wurde. Das Schrapnell einer explodierenden Granate hat ihn im Gesicht getroffen, ein Auge erblinden lassen, Hals und Lunge mit Giftgas verbrannt. Er liegt in einem Krankenhaus in Vittel, einem Heilbad am Fuß der Vogesen in einem militärischen Sperrgebiet. Sie ist unruhig, will unbedingt zu ihrem russischen Hauptmann. Sie kontaktiert Leutnant Jean Hallaure und bittet ihn um Hilfe. Dieser empfiehlt ihr, im Büro des Kriegsministeriums auf dem Boulevard Saint-Germain einen Passierschein für Vittel zu beantragen. Margaretha macht sich auf den Weg dorthin. »Ich wusste nicht, dass sich in diesem Gebäude auch das Büro der französischen Spionageabwehr befand«, erklärt sie später.

In dem Gebäude trifft sie auf Hauptmann Georges Ladoux. Der Leiter der Spionageabwehr, des Deuxième Bureau, hat eine Vorliebe für Poker, intrigiert gern und wird zu einer Schlüsselfigur in Mata Haris Leben. Hat sie sich wirklich an ihn persönlich gewandt, oder ist sie nur in die Falle getappt, die Hallaure aufgestellt hat? Will sie nur einen Passierschein, oder bietet sie von sich aus an, als Spionin für Frankreich zu arbeiten? Letzteres behauptet zumindest Ladoux später vor Gericht. Auch in seinen Memoiren versucht er phantasievoll, sein Verhalten zu rechtfertigen.

Ihr Wunsch, nach Vittel zu reisen, habe ihn beunruhigt. Nur wenige Tage zuvor ist die Entscheidung gefallen, »in diesem Gebiet einen Flugplatz zu bauen, von wo aus Bombenangriffe auf deutsche Fabriken gestartet werden konnten«. Doch statt die Frau, die er angeblich schon lange für eine deutsche Spionin hält, aus der Region fernzuhalten oder gar zu verhaften, lässt er sie unter Beobachtung in den Kurort reisen. Seine Rechtfertigungsversuche überzeugen nicht. Hätte er die Warnungen der Engländer vor Mata Hari bereits 1915 ernst genommen, hätte er niemals darüber nachgedacht, sie als eigene Agentin zu beschäftigen. Ladoux bemüht sich, sein Fehlverhalten im Nachhinein zu verdecken.

Aus Mata Haris Sicht stellt sich die Situation vollkommen anders dar. Ihr Freund Hallaure hat ihr empfohlen, sich wegen der Genehmigung für Vittel an das Büro im Boulevard Saint-Germain zu wenden. Dort landet sie zufällig bei Ladoux, der sie im Gespräch plötzlich fragt, ob sie etwas für Frankreich tun kann und will: »Ich begriff. Ich dachte lange nach. Schließlich sagte ich: ›Ja, das kann ich.‹ Er fragte weiter: ›Würden Sie auch viel Geld verlangen?‹ Ich antwortete ihm: ›Ja, bestimmt.‹«

Nach einigem Geplänkel erhält sie die ersehnte Reisegenehmigung und verspricht, Ladoux nach ihrer Rückkehr erneut aufzusuchen. Im September kommt Margaretha in dem einstigen Badeort Vittel an, in dem sich vor dem Krieg vor allem Bonvivants erholten. Nun werden die eleganten Hotels als Krankensäle genutzt, überall gibt es Männer mit verbundenen oder amputierten Gliedmaßen. Knapp 120 Kilometer Luftlinie entfernt liegt Verdun. Drei Viertel aller französischen Soldaten sind 1916 einmal in der Gegend stationiert, geschätzte 100 000 Tote haben allein die Franzosen dort zu beklagen. Trotz der traurigen Kulisse verbringt das Paar in dem Kurort zehn glückliche Tage miteinander. Dann gilt Vadime als geheilt und muss zurück in den Dienst. Der junge Hauptmann schwört Margaretha seine ewige Liebe und macht ihr einen Heiratsantrag, den sie strahlend annimmt. Doch zu einer Hochzeit wird es nicht kommen.

Mata Hari kehrt beschwingt nach Paris zurück und schmiedet bereits Pläne für ihre Eheschließung mit Vadime. Bald wird ihr klar, dass sie Geld braucht, sehr viel Geld. Damit will sie bei seiner Familie Eindruck schinden und den großen Altersunterschied wettmachen. Da kommt ihr Ladoux' Angebot, für Frankreich zu spionieren, gerade recht. Sie trifft sich mit ihm und fordert eine Million Francs, so viel wie etwa zwölf Spitzenagenten verdienen.

Ladoux, dessen Informanten aus Vittel nichts Verdächtiges über die Tänzerin berichten konnten, will wissen, welche Leistung Margaretha für Frankreich erbringen kann, die so viel Geld wert ist. Sie behauptet, so berichtet er später in seiner Vernehmung, die Geliebte des deutschen Kronprinzen gewesen zu sein. Dieser sei jederzeit entzückt, sie wiederzusehen. Ladoux bezweifelt das. Jemand, der über solche guten Beziehungen zu Frankreich verfügt wie sie, werde nicht einfach an den Prinzen herankommen, gibt er zu bedenken. Margaretha entgegnet, dass sie jemanden kennt, der das für sie arrangieren kann – sein Name ist Kramer. Natürlich kennt Ladoux diesen Namen. Später behauptet er, sofort gewusst zu haben, dass Mata Hari eine deutsche Spionin ist. Statt sie zu verhaften, habe er sie erst für seine Interesse nutzen wollen. Deshalb verlangt er von ihr den Nachweis ihrer Loyalität. Im Gegenzug verspricht er ihr 25 000 Francs für jeden deutschen Spion, den sie ihm liefert. Er ordnet an, dass sie nach Holland reisen und dort auf weitere Anweisungen warten soll.

»Nie von ihr gehört«

Da Ladoux ihr keinen Vorschuss gewährt, lässt sich Margaretha über ihr Dienstmädchen Anna Lintjens von Baron van der Capellen 5000 Francs schicken. In der Zwischenzeit taucht Vadime überraschend in Paris auf. Er ist auf der Durchreise, sie verbringen eine Nacht miteinander. Anfang November 1916 reist Margaretha Richtung Holland ab. Ladoux erklärt später, dass er sie nur zum Schein engagiert hat. In Spanien, wo sein Geheimdienst besonders gut organisiert ist, soll ihre Tätigkeit für die Deutschen auffliegen. Doch sein Erklärungsversuch ist wenig glaubwürdig, denn die französischen Mitarbeiter in Spanien schauen nur dabei zu, wie Margaretha ohne langen Aufenthalt weiterreist.

Margaretha will Ladoux unbedingt ihren Wert beweisen.

Sie hat das Geld vor Augen, mit dem sie ihren Vadime heiraten kann. Doch ihre Reise verläuft anders als erwartet. Die Engländer haben einen Hinweis bekommen, dass sich an Bord ihres Schiffes eine deutsche Spionin befindet. Sie fangen es ab und geleiten es in den Hafen von Falmouth. Die Reisenden werden streng kontrolliert, Mata Hari wird als Verdächtige nach London gebracht. Dort verhört sie Sir Basil Thomson, der Leiter der britischen Spionageabwehr. Bald stellt sich heraus, dass die Engländer sie mit der deutschen Spionin Clara Bendix verwechselt haben, über die man heute so gut wie nichts weiß.

In seinem Verhör gibt Thomson Mata Hari zu verstehen, dass er von den 20 000 Francs weiß, die sie von den Deutschen erhalten hat. Mehr noch: »Wir haben auch Verbindungen zu unseren Leuten in Holland aufgenommen, und die haben uns mitgeteilt, Madame Zelle stehe unter Verdacht, eine deutsche Agentin zu sein, Mata Hari sei wirklich eine deutsche Agentin und diese Clara Bendix ebenfalls.« Ahnt Margaretha, in welch brenzliger Lage sie sich befindet? Oder glaubt sie immer noch, mit einem Lächeln alle Probleme lösen zu können? Innerhalb von nur wenigen Monaten ist sie jedenfalls zwischen die Fronten der Geheimdienste Deutschlands und der Alliierten geraten.

»Ich muss Ihnen jetzt etwas gestehen, was Sie überraschen wird«, antwortet Margaretha und tritt die Flucht nach vorne an: »Ich dachte erst, es sei ein zu großes Geheimnis. Dieser Hauptmann, Captain Ladoux, bat mich, seinem Geheimdienst beizutreten, und ich versprach ihm, für ihn zu arbeiten.« Diese Aussage rückt die ganze Angelegenheit in ein neues Licht. Thomson telegrafiert nach Spanien und Frankreich. Aus Madrid kommt die Nachricht, dass offenbar ein Fehler unterlaufen ist, Clara Bendix hält sich weiterhin in der Stadt auf.

Die Spionin Marthe Richard

Marthe Richard (1889–1982) war eine Prostituierte, die den reichen Fischhändler Henri Richer kennenlernte. Er ermöglichte ihr Flugstunden, sie heirateten, 1913 erhielt sie als erste Französin den Pilotenschein. Sie bemühte sich vergeblich darum, aktiv am Ersten Weltkrieg teilnehmen zu dürfen. Stattdessen wurde sie von Georges Ladoux als Spionin angeworben. In Madrid kam sie in Kontakt zu Mata Hari, beide Frauen wohnten 1916 zeitweise im Palace-Hotel. Später schrieb sie ein Buch über ihre Erlebnisse als Spionin, auch um Ladoux' fiktionale Memoiren zu korrigieren. Selbst wenn es widersprüchliche Informationen über ihre Biografie gibt, steht fest: sie wurde im Zweiten Weltkrieg als Heldin des Widerstands gefeiert und spielte 1946 eine wichtige Rolle bei der Verabschiedung des Gesetzes zum Verbot der Prostitution.

Ladoux, der bestätigen soll, dass es sich bei Margaretha um eine seiner Agentinnen handelt, antwortet lapidar: »Nie von ihr gehört.«

Thomson ahnt zu diesem Zeitpunkt, dass Margaretha seinen französischen Kollegen Georges Ladoux wirklich getroffen hatte. Der Chef der britischen Spionageabwehr weiß, dass dieser bestreiten wird, eine Agentin zu kennen, wenn diese in Schwierigkeiten steckt. Da England und Frankreich zusammenarbeiten, hat er von Ladoux jedoch eine andere Reaktion erhofft. Die Beweise gegen eine Spionagetätigkeit von Mata Hari bewertet Thomson als nicht ausreichend, daher schickt er sie nach Spanien zurück und macht sie damit zu Ladoux' Problem. Er gibt ihr noch den Rat mit auf den Weg, sich künftig von Anliegen fernzuhalten, die sie nicht betreffen. Aber sie ignoriert seine Warnung.

Im Dezember kommt sie wieder in Madrid an. Die Stadt im neutralen Spanien liegt günstig, hier sind alle Spionagenetze vertreten, der Handel blüht – die Intrigen ebenso. Sie bittet Ladoux schriftlich um Instruktionen, doch er antwortet nicht. Sie will unbedingt das Geld von ihm bekommen und nimmt kurzerhand die Angelegenheit selbst in die Hand. Um an den deutschen Botschafter zu kommen, kontaktiert sie dessen Untergebenen. Sie bittet den gutaussehenden Militärattaché Hans von Kalle um ein Treffen. Dieser empfängt sie höflich, sie unterhalten sich über Berlin und ihren gemeinsamen Freund Alfred Kiepert. Der Militärattaché erinnert sich daran, dass sie sich auf der Schlesienreise des Paares kennengelernt haben. Margaretha kann ihr Glück kaum fassen. Sollte die Sache so einfach sein? Sollte sie so leicht an wichtige Informationen der Deutschen kommen?

Sie erzählt von Kalle, dass sie in England als vermeintlich deutsche Spionin verhaftet worden ist. Das Ganze habe sich aber als Verwechselung herausgestellt. Sie sei für Clara Bendix gehalten worden. Ob er sie zufällig kenne? Von Kalle verspricht, sich bei dem für Spionage zuständigen Offizier, Baron Roland, nach Bendix zu erkundigen. Angeblich werden die beiden intim miteinander, von Kalle habe ihr schließlich erzählt, dass er »alle Planungen dafür abgeschlossen [habe], dass eine Gruppe deutscher und türkischer Offiziere mit ihrem U-Boot an der marokkanischen Küste, in der französischen Zone landen kann«. Sollte sich ein Militärattaché tatsächlich auf so plumpe Weise überrumpeln lassen? Wahrscheinlich durchschaut von Kalle Margaretha sofort und lässt sich zum Schein auf ihr Spiel ein. In ihrer Naivität jubelt Mata Hari innerlich über ihren klugen Schachzug und teilt Ladoux in einem Brief die Neuigkeiten mit.

Kurz darauf lernt sie Oberst Denvignes kennen. Der »tattrige alte Oberst« ist Militärattaché der französischen Botschaft und macht ihr lüstern den Hof. Sie gibt ihm zwar einen Korb, hofft dennoch, dass er ihr bei ihrem Auftrag helfen kann und bei Ladoux ein gutes Wort für sie einlegen wird. Margaretha erzählt ihm bereitwillig alles, was sie vom deutschen Militärattaché von Kalle erfahren hat. Der Oberst, der kurz darauf nach Paris reist, verspricht, Ladoux die Informationen weiterzuleiten.

In der Zwischenzeit funkt von Kalle nach Berlin: »Die Agentin H 21 von der Abteilung in Köln, die im März zum zweiten Mal nach Frankreich beordert wurde, ist in Madrid angekommen. Sie hat so getan, als würde sie ein Angebot des französischen Geheimdienstes, für ihn zu arbeiten, annehmen. Sie wollte von Spanien aus nach Holland reisen, wurde jedoch mit jemand anderem verwechselt und am 11. November in Falmouth verhaftet. Als sich der Fehler herausstellte, schickten die Engländer sie nach Spanien zurück, weil sie sie weiterhin verdächtigten.«

Im Ersten Weltkrieg ist Funk als Kommunikationsmittel zwar verbreitet, aufgrund der knappen Ausrüstung aber auch stark reglementiert. Die Engländer fangen die Sprüche, die zwischen Berlin und Madrid ausgetauscht werden, ab und leiten sie direkt nach Frankreich weiter. Die benutzten Codes werden zum Teil rasch entschlüsselt, so auch derjenige, den von Kalle für seine Nachrichten über Agentin H 21 benutzt. Da der Inhalt der Nachricht für Deutschland uninteressant ist, liegt die Vermutung nahe, dass von Kalle den Funkspruch nur aus einem

Grund absetzt: um ihn den Franzosen direkt in die Hände zu spielen.

Wie Ladoux und Thomson vermutet auch er, dass Mata Hari als Doppelagentin arbeitet. Doch im Unterschied zu seinen französischen und englischen Kollegen kennt er ihren geringen Wert für den eigenen Geheimdienst. Im neutralen Spanien darf er sie nicht verhaften, doch er will sie für ihr gefährliches Spiel bestrafen – indem er dies den Franzosen überlässt. Mit seinen Funksprüchen sorgt er dafür, dass sie Mata Hari eindeutig identifizieren können. Er spielt ihnen den Beweis zu, dass sie Geld von den Deutschen erhalten hat, also eine aktive deutsche Spionin ist, die sich Ende Dezember auf dem Weg nach Paris befindet. Von all den Intrigen ahnt Margaretha nichts. Sie ist zwar irritiert darüber, dass Ladoux sich nicht rührt, doch blickt sie zuversichtlich auf ihre gemeinsame Zukunft mit Vadime.

»Mon petit, mon petit«

Das Kriegsjahr 1917 entwickelt sich für Frankreich alles andere als hoffnungsvoll. Nach der verheerenden Schlacht von Verdun mit geschätzten 100 000 Toten auf beiden Seiten der Front hat die Offensive an der Somme 1916 für die Alliierten zwar zu positiveren Aussichten geführt. Doch eine weitere Attacke am Chemin des Dames scheitert. Im April meutern die Soldaten. »Schluss mit dem Gemetzel, wir wollen frei sein!«, fordern sie. Neben einer besseren Verpflegung verlangen sie Frieden. Auch die Zivilbevölkerung begehrt auf. Die Versorgungskrise und die hohe Inflation führen zu spontanen Protesten, die in Aufstände münden. Hinzu kommt, dass der Winter 1916/17 besonders hart ist, die Menschen leiden nicht nur Hunger, sondern drohen zu erfrieren.

In Paris angekommen, macht sich Margaretha auf den Weg zu Denvignes. Da ihr Bewunderer sich bereits wieder auf der Rückreise nach Spanien befindet, eilt sie zum Bahnhof, um ihn dort abzufangen. Doch der Oberst ist konsterniert, als er sie sieht. Er verhält sich distanziert und gibt schließlich zu, dass er Ladoux gegenüber bestritten hat, irgendetwas über sie zu wissen. »Als ich Denvignes fragte, warum er gelogen habe«, erklärt Margaretha später, »murmelte er bloß *mon petit, mon petit.* Und dann fuhr der Zug ab.« Was war geschehen? Verhielt sich der alte Oberst so niederträchtig, weil sie sich geweigert hatte, mit ihm zu schlafen, oder steckte etwas anderes dahinter? Margaretha ist verunsichert, langsam beschleicht sie eine Unruhe.

Endlich erreicht sie eine Nachricht von Ladoux: »Bleiben Sie in Paris. Ich werde mich in dieser Woche mit Ihnen in Verbindung setzen.« Damit lässt sich eine Mata Hari nicht abspeisen. Sie sucht sein Büro auf, doch der Chef der Spionageabwehr ist nicht da. Ihre Unruhe wird größer. Nun fallen ihr plötzlich auch die Beobachter auf, die sich vor dem Hotel, im Foyer und auf den Gängen postiert haben. Am 13. Januar klopft es plötzlich an ihre Hotelzimmertür. Ein entkräfteter, elender und abgezehrter Vadime steht vor ihr. Ihn plagen Heimweh und die Angst um seine Familie. Margaretha wächst über sich selbst hinaus: Sie kümmert sich liebevoll um ihn, heitert ihn auf und sorgt dafür, dass er ein wenig zur Ruhe kommt. Mit ihren eigenen Problemen belastet sie ihn in dieser Nacht, die ihre letzte gemeinsame werden sollte, nicht.

Obwohl selbst knapp bei Kasse, lässt sie Vadime 3000 Francs zukommen. Als sie Ladoux' Beobachter in der Bank entdeckt, platzt ihr der Kragen: »Was wollen Sie von mir?«, schreibt sie

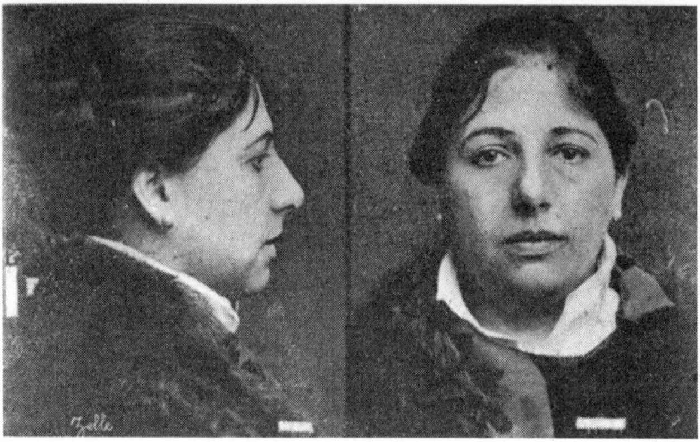

Margaretha Zelle nach ihrer Festnahme 1917. Zu diesem Zeitpunkt war sie 40 Jahre alt.

dem Chef der Spionageabwehr: »Ich bin bereit, alles zu tun, was Sie verlangen, ich stelle Ihnen keine Fragen, und ich habe auch nicht den Wunsch, Ihre Agenten zu kennen. Ich bin eine international bekannte Frau, und Sie haben kein Recht, meine Methoden oder mein Leben in Zweifel zu ziehen – und kein Recht, mir Ihre Geheimagenten zu schicken, um mich zu belästigen.«

Nicht nur Mata Hari, auch Georges Ladoux sitzt in der Klemme: Schon vor über einem Jahr hat der englische Geheimdienst die Franzosen darüber informiert, dass Mata Hari eine deutsche Agentin ist. Doch Ladoux hatte die Warnung ignoriert. Wenn das herauskäme, wäre der Skandal nicht mehr zu vertuschen. Erbost darüber, dass es der Tänzerin um ein Haar gelungen wäre, ihn lächerlich zu machen, will er sie nun zu Fall bringen.

Er hat bereits dafür gesorgt, dass Denvignes die Wahrheit über die feindliche Spionin erfahren hat, und ihn postwendend nach Madrid geschickt. Nun will er abwarten, ob Agentin H21 ihn zu ihren deutschen Kontaktleuten in Paris führt. Doch seine Hoffnung erfüllt sich nicht. Margaretha besucht lediglich die Wahrsagerin Madame Lucien, die ihr prophezeit: »Sie werden die geplante Reise nicht machen. Man wird Ihnen das Geld nicht überweisen. Ich sehe den Tod. Den Tod durch eine Schusswaffe. Man wird Sie erschießen.«

Anfang Februar trifft Margaretha zufällig auf ihren alten Freund Édouard Clunet. Der Anwalt scheint nach dem Tod seines einzigen Sohnes an der Front um Jahrzehnte gealtert. Er verspricht Mata Hari, die er schon immer geliebt und bewundert hat, dabei zu helfen, das verwirrende Missverständnis mit Ladoux aufzuklären. Doch er ahnt nicht, wie sehr die Zeit drängt.

Am 13. Februar wird Margaretha morgens um 6 Uhr in ihrem Hotelzimmer festgenommen. Der Haftbefehl lautet: »Frau Zelle, Margaretha, auch als Mata Hari bekannt, Protestantin, geboren in Holland am 7. August 1876, 1,75 m groß, des Lesens und Schreibens kundig, ist angeklagt wegen Spionage und der Weitergabe von Informationen an den Feind, mit der Absicht, seine Interessen zu fördern.«

»Das ist unmöglich! Ich bin unschuldig!«

Die Verhaftete wird in das Frauengefängnis nach Saint-Lazare in der Nähe des Gare de l'Est gebracht. Dort sind Prostituierte, Mörder und Kleinkriminelle eingesperrt. Die Haftanstalt wird von Ordensschwestern geleitet. Schwester Léonide nimmt Mata Hari in Empfang. Nachdem sie durchsucht und fotografiert worden ist, folgt sie der 60-jährigen Oberin durch schmutzige, dunkle Flure bis in eine gepolsterte Zelle. Margaretha ist erschöpft, die Angst der vergangenen Wochen hat sie mürbe gemacht. Sie begreift nicht, was mit ihr geschieht. Was soll sie hier? Die schwache Glühbirne an der Decke, der Strohsack in der Ecke, die vergitterte Öffnung in der Tür und diese Stille – sie muss verwechselt worden sein.

Am nächsten Tag trifft sie auf Hauptmann Pierre Bouchardon, der sie als Untersuchungsrichter des Militärgerichts verhören wird. Sein Bericht entscheidet darüber, ob der Tänzerin der Prozess gemacht wird. Dem 46-jährigen Patrioten tritt eine beherrschte und selbstbewusste Margaretha Zelle-MacLeod gegenüber: »Diese ganze Inszenierung ist lächerlich. Ich gehöre dem französischen Geheimdienst an. Ich verlange, dass man Hauptmann Ladoux holt, den Chef der französischen Spionageabwehr, er wird dies bestätigen.«

Bouchardon liest ihr die Anklageschrift des Militärgerichts vor und fragt nach ihrem Anwalt. Margaretha, die geglaubt hat, als französische Agentin sofort entlassen zu werden, ist fassungslos. Sie benötigt keinen Rechtsbeistand, antwortet sie, »ich bin unschuldig«. Bouchardon lässt sie die Anklage unterschreiben und schickt sie nach Saint-Lazare zurück. Dort ordnet er eine »besonders strenge Behandlung« der Angeklagten mit der Nummer 72144625 an: »Sie muss gebrochen werden.«

Zelle 12

Kurz nach ihrer Verhaftung wird Margaretha in Zelle 12 untergebracht. Hier waren schon andere berühmte Verdächtige inhaftiert: Madame Henriette Caillaux, Frau des früheren Premiers Joseph Caillaux, weil sie den Chefredakteur von *Le Figaro*, Gaston Calmette, erschossen hatte. Auch die Kurtisane Marguerite Steinheil saß hier ein, weil Präsident Félix Faures beim Liebesakt mit ihr starb.

Der Grund liegt auf der Hand: Mitte Februar hat Pierre Bouchardon zwar eine Anklageschrift gegen Margaretha auf dem Schreibtisch liegen, aber keine Beweise gegen sie. Er selbst ist zwar von ihrer Schuld zutiefst überzeugt – eine Einschätzung, die der Geheimdienst stützt –, doch nachweisen kann er ihr nichts. Die Protokolle ihrer Observierung, die Ladoux 1916 angeordnet hat, belegen keine Spionagetätigkeit und auch keine andere Straftat. Mata Hari habe den Deutschen militärische und diplomatische Geheimnisse verraten, behauptet die Spionageabwehr in einem Brief an den Militärgouverneur. Belegen kann es die Behörde jedoch nicht, wie der Historiker Philippe Collas gezeigt hat.

Obwohl Ladoux mit den Funktelegrammen aus Spanien über handfeste Beweise verfügt, hält er sie fast zehn Wochen lang unter Verschluss. Bouchardon weiß zwar von deren Existenz, darauf beziehen kann er sich in seinen Verhören allerdings nicht. Er hat nur Belege für zwei Schecks, die Margaretha eingelöst hat. Ob diese aber aus Deutschland stammen, weiß er nicht. Der Untersuchungsrichter belauert die Angeklagte und versucht, sie in die Enge zu treiben. Noch kann Margaretha alle Anklagepunkte widerlegen.

Welches Spiel treibt Ladoux? Der Chef der Spionageabwehr hat die Flucht nach vorn angetreten. Vollmundig verkündet er, eine der bedeutendsten Agenten des deutschen Geheimdienstes gefasst zu haben. Doch da auch seine Beweise dürftig sind und er Gefahr läuft, als Versager dazustehen, manipuliert er die Fakten, lügt und versteckt sich hinter Geheimhaltung. Damit nicht auffliegt, dass er Mata Hari als Agentin engagieren wollte, hält er die Telegramme aus Madrid zurück.

Bei ihrem zweiten Verhör bittet Margaretha Richter Bouchardon um ihre Kleidung aus dem Hotel und eine bessere Behandlung im Gefängnis. Außerdem will sie sich durch Rechtsanwalt Clunet vertreten lassen. Offenbar hat sie begriffen, dass sie nicht so rasch freikommen wird und einen Freund bitter nötig hat. Er wird zu ihrem Pflichtverteidiger bestellt. Doch das juristische Verfahren des Militärgerichts sieht vor, dass er nur an zwei Befragungen teilnehmen darf, bevor Bouchardon seinen Ermittlungsbericht erstellt. Mata Hari ist also weiterhin auf sich selbst gestellt. Immerhin: Die Gefangene wird aus der Gummizelle in die »Menagerie« in Saint-Lazare verlegt, ein Gebäudetrakt, in dem die Spione untergebracht sind.

In den Vernehmungen, es werden am Schluss 17 sein, streitet sie zunächst alles ab. Dabei versucht sie sich an die Fakten zu halten, die Bouchardon prüfen kann: »Ihre Version war einfach«, schreibt der Historiker Philippe Collas: »Sie arbeitete für Ladoux, der sie in sein Büro gelockt hatte, um sie als Agentin zu rekrutieren. Aus Spanien, wo sie sich in geheimer Mission aufhielt, war sie mit zahlreichen Informationen aus erster Hand zurückgekehrt, die sie an den Chef der französischen Spionageabwehr und an Oberst Denvignes weitergegeben hatte.«

Da sie nichts von den Telegrammen aus Spanien weiß, verschweigt sie ihre Zusammenarbeit mit dem deutschen Geheimdienst und die Zahlung der 20 000 Francs. Die Angeklagte, schon immer eine phantasiereiche Geschichtenerzählerin, verheddert sich jedoch in mehreren Widersprüchen. Diverse Gerüchte, die sie in der Vergangenheit nie dementiert hatte – wie das, sie sei die Geliebte des deutschen Kronprinzen gewesen –, erschweren nun zusätzlich ihre Position. Ihr abenteuerliches Leben bietet zudem viel Angriffsfläche: 1906 lebte sie mit ihrem deutschen Liebhaber Alfred Kiepert in Berlin, auch bei Kriegsbeginn war sie dort. »Überlegen Sie mal«, entgegnet sie auf diesen Vorwurf, »wenn ich Frankreich hätte ausspionieren wollen, wäre ich in Paris, nicht in Berlin gewesen!« Doch Bouchardon ignoriert ihre schlagfertige und manchmal auch einleuchtende Verteidigung einfach.

Und Mata Hari bleibt Mata Hari: Wie schon oft in ihrem Leben, verfälscht sie die Wahrheit, um sich selbst aufzuwerten. Es ist schon fast ein reflexartiges Verhalten, doch diesmal spielt sie ihren Gegnern in die Hände: »Sie sollten wissen«, erklärt sie dem Untersuchungsrichter in einer der Unterredungen, »dass ich mit dem deutschen Botschafter ins Bett gegangen wäre, wenn ich es nur gekonnt hätte. Auf diese Weise gelangt man zu umfassenden Informationen, nicht indem man kleine Angestellte ausfragt.« »Paradoxerweise«, urteilt Collas, »blieb Mata Hari durch bewusstes Verschweigen der Wahrheit sehr nahe. Zweifellos hatte sie mehr für Frankreich als für Deutschland zu tun versucht. Was man ihr vorwarf, war größtenteils erfunden.«

Mata Hari muss schuldig sein

Nie im Leben würde sie gegen Frankreich und damit Russland arbeiten, betont Margaretha. Sie liebt einen Russen und könnte nie gegen dessen Heimatland operieren. Bouchardon hält die Beziehung zu Vadime für eine Farce, behauptet, von Liebe könne keine Rede sei. Um die Angeklagte noch mehr unter Druck zu setzen, hält er aber ihre Briefe an den Verlobten zurück. Auch die Karten des Russen von der Front leitet er nicht weiter. De Masloff weiß lange Zeit nicht einmal, dass Margaretha verhaftet wurde. Erst als er schwer an Diphtherie erkrankt, hat der Richter nichts Eiligeres zu tun, als der Gefangenen diese Nachricht mitzuteilen und sie im Ungewissen darüber zu lassen, ob ihr Geliebter noch lebt. Margaretha wird nicht müde, ihre Liebe zu Vadime zu beschwören. In einem der Verhöre hält ihr Bouchardon – dessen eigene Frau ihn vor kurzem betrogen hat – vor, dass sie sich trotz ihrer angeblich wahren Liebe in nur wenigen Wochen mit sechs anderen Männer verabredet habe. »Eine Dame von Welt kann speisen, mit wem sie will, ohne zwangsläufig mit allen zu schlafen«, antwortet sie. »Ich liebe de Masloff, ich bin ihm treu, und dagegen können Sie nichts tun, Herr Hauptmann.«

Bouchardon hat damit seine eigenen Beweggründe, seine moralische Einstellung offenbart. In seinen Augen ist Mata Hari schuldig, weil ihr saloppper Lebenswandel seine patriarchalisch-konservativen Werte ignoriert. Sie verstößt gegen Sitte und Anstand, sie muss schuldig und gefährlich sein. Der Richter ist davon überzeugt, dass Margaretha sich an allen Männern dafür rächen will, was ihr Rudolph MacLeod einst angetan hat. Schon allein deswegen will er dieser Frau, die in den vergangenen zehn Jahren ihr Ziel so rückhaltlos verfolgt hat, das Handwerk legen. Die Angeklagte kann behaupten, was sie will – er glaubt ihr kein Wort. Sie prahlt nicht nur damit, Offiziere zu lieben. Sie gibt sogar zu, sich einen Spaß daraus zu machen, mit ihnen zu schlafen, um anschließend »Vergleiche zwischen dem Aussehen und dem Temperament der verschiedenen Nationalitäten« anzustellen.

Margarethas Lebenswandel mag Bouchardon unkonventionell und normwidrig erscheinen, doch der Richter hätte seine Augen nicht davor verschließen dürfen, dass sie ihre Liebesbeziehungen in erster Linie aus finanziellen Interessen unterhält. Einige ihrer früheren Geliebten haben ihm versichert, dass Mata Hari sie niemals nach militärischen Informationen befragt hat. Würde ein ernsthafter Spion so agieren?

Bouchardon vernimmt auch den Chef der französischen Spionageabwehr. Ladoux wäscht seine Hände in Unschuld: Er hat die deutsche Spionin zwar getroffen, gibt er zu, sie aber nie wirklich zu rekrutieren versucht. Schließlich weiß er seit 1915, dass sie verdächtigt wird, eine feindliche Agentin zu sein, behauptet er. Ein Jahr später hat der Geheimdienst in Spanien ihre Rückkehr nach Frankreich vermeldet, woraufhin Ladoux sie observieren ließ, ohne ihr eine Spionagetätigkeit nachweisen zu können. Er habe sie in eine Falle locken wollen. Ständig betont er, dass sie sich mit ihm hat treffen wollen. In Spanien, »wo unser Geheimdienst besonders gut organisiert ist«, hat er die Suche nach Beweisen fortgesetzt. Genau wie er es erwartet hatte, gab sie sich dort den Deutschen als Spionin zu erkennen. Daher wurde sie wenige Tage nach ihrer Ankunft in Paris verhaftet.

Bei der Verzerrung der Wahrheit steht Ladoux Mata Hari in nichts nach: Die Treffen zwischen Mata Hari und Ladoux fanden nicht auf Initiative der Tänzerin statt. Nein, der Chef der Spionageabwehr hatte Leutnant Hallaure auf sie angesetzt. Nicht der so gut organisierte französische Geheimdienst enttarnte Mata Hari in Madrid, sondern sie selbst war es, die dem »tattrigen Oberst« Denvignes von ihren Bemühungen bei von Kalle erzählte. Außerdem stammten die Informationen aus den Funktelegrammen des Deutschen. Die angeblich so gefährliche Spionin wurde auch nicht kurz nach ihrer Ankunft in Paris festgenommen, sondern erst über einen Monat später. Doch egal, wie abstrus Ladoux' Geschichten auch sind, die äußeren Umstände sprechen für seine Version. »Paradoxerweise«, urteilt Collas, war Ladoux' Wahrheit, »die nach und nach zur offiziellen Wahrheit wurde, eine Riesenlüge.«

Die Verhöre kommen bis April nicht voran, Bouchardon kann Mata Hari keine Spionagetätigkeit für die Deutschen nachweisen. Der Druck auf ihn wächst. Hohe Beamte wollen die Gefangene für ihre vermeintlich schweren Verbrechen verurteilt sehen. Genauso der Untersuchungsrichter: Statt den Fall objektiv zu durchleuchten, verfolgt er lediglich ein Ziel: Margaretha MacLeod ihrer gerechten Strafe zuzuführen. Dabei folgt er Ladoux' Argumentation. Taktisch versiert, setzt er sie kühl kalkulierend unter Druck. Er deutet an, fragt nach, lässt eine Frage zunächst fallen, um plötzlich wieder darauf zurückzukommen und auf einer Antwort zu bestehen. Scharfsinnig und unerbittlich treibt er sie in die Enge. »Hauptmann Bouchardon ist von einer Höflichkeit, die einem wie ein Schwert aus gehärtetem Stahl in die Seele schneidet«, wird der Schriftsteller Léon Daudet ihn ein paar Monate später charakterisieren.

Diese zehn Männer spielten in Mata Haris Leben eine Schlüsselrolle

1. Adam Zelle, ihr Vater
2. Rudolph (»Johnie«) MacLeod, ihr Ehemann 1895–1906
3. Émile Guimet, der erste Protegé der Tänzerin
4. Édouard Clunet, ihr Freund und Anwalt
5. Gabriel Astruc, ihr Agent
6. Xavier Rousseau, ihr Geliebter, der ihr eine Auszeit auf dem Land verschaffte
7. Henri de Margerie, ihr Geliebter, der später auch vor Gericht zu ihr stand
8. Vadime de Masloff, ihr Verlobter
9. Georges Ladoux, der Chef der französischen Spionageabwehr
10. Pierre Bouchardon, Untersuchungsrichter

Édouard Clunet setzt sich unermüdlich für seine Klientin ein. Mit Hilfe von Anträgen versucht er, Hafterleichterungen und sogar eine Haftverschonung zu erreichen. Da die Militärprozessordnung ihm nur einen geringen Spielraum lässt, will er diese aushebeln: Als Ausländerin sei Mata Hari durch die Prozessordnung benachteiligt. Bouchardon ist vom Verhalten des »naiven Bewunderers seiner Mandantin« gereizt und entgegnet, dass Madame Zelle hervorragend Französisch spreche und zudem außergewöhnlich intelligent sei, von einer Benachteiligung könne keine Rede sein.

Während Margaretha sich den Verhören stellen muss, gehen die Kämpfe an der Front weiter. Die patriotische Begeisterung ist mittlerweile verebbt, eine Kriegsmüdigkeit hat sich ausgebreitet. Am 16. April 1917 befiehlt General Robert Nivelle, beflügelt vom Kriegseintritt der Amerikaner, eine Offensive am Höhenzug Chemin des Dames zwischen Aisne und Ailette. Doch Frankreich wird vernichtend geschlagen. 35 000 Tote und 100 000 Verletzte sind die Bilanz nach nur wenigen Stunden. Nach drei Tagen ist die Zahl der Toten auf 120 000 gestiegen. Streiks, Kundgebungen und Meutereien an der Front sind die Folge. Frankreich scheint wie gelähmt, die Entente-Mächte wirken kraftlos – Erfolgsmeldungen müssen her!

»Sie sind definitiv Agentin H 21«

In dieser Zeit beantragt Clunet, das Ermittlungsverfahren gegen Mata Hari einzustellen. Seit zwei Monaten sitzt seine Klientin in Untersuchungshaft. Und bisher sind immer noch keine Beweise einer angeblichen Spionagetätigkeit von Madame Zelle aufgetaucht. Bouchardon soll sie unverzüglich aus Saint-Lazare entlassen, fordert der Anwalt. Damit zwingt er die Behörden zum Handeln. Der Chef der Spionageabwehr kann es sich nicht leisten, dass eine so gefährliche deutsche Agentin wie Mata Hari jetzt aus Mangel an Beweisen freikommt. Nun legt er dem Untersuchungsrichter die Funktelegramme vor – mit dramatischen Folgen für die Angeklagte.

»Seit einigen Tagen habe ich den Beweis dafür, dass Sie Agentin H 21 vom Kölner Spionagezentrum sind; im Mai 1916 wurden Sie zum zweiten Mal nach Frankreich geschickt. Sie haben so getan, als nähmen Sie Ladoux' Angebot an. Deutschland hat Ihnen durch Vermittlung der niederländischen Botschaft mehrmals Geldsummen überwiesen. Und schließlich haben Sie dem stellvertretenden Standortkommandanten Kalle sehr ausführliche Berichte über politische, militärische und diplomatische Angelegenheiten geliefert!« Mata Hari wird bleich. Sie stammelt, das Ganze sei eine Verwechselung. »Ich bin mehr Scharfsinn von Ihnen gewohnt«, antwortet Bouchardon hämisch und konfrontiert sie mit dem Inhalt der Telegramme: Informationen über Geldzahlungen, Reiseabsichten und den Einsatz von Geheimtinte. In einem der Schriftstücke wird der Name des Dienstmädchens von Agentin H 21 genannt: Anna Lintjens. Wütend schleudert Margaretha ihm das Wasser aus ihrem Becher ins Gesicht. »Auch große Schauspielerinnen haben ihre Schwächen ...«, bemerkt er lakonisch und fordert sie auf, ihre Aussagen zu überdenken. »Wie können Sie sich anmaßen«, entgegnet sie ihm, »über mich zu urteilen? Sie sind nur ein Mann, der an seinem Sessel klebt, und ich war eine Frau Kurtisane.«

Drei Wochen lang lässt Bouchardon Margaretha im Gefängnis schmoren, er will ihren Widerstand endgültig brechen. Seine Rechnung geht auf. Bei ihrem nächsten Treffen erklärt sie sich zu einem Geständnis bereit: Kramer habe sie in Holland angeworben und ihr 20 000 Francs bezahlt. Ja, sie ist Agentin H 21. Doch Margaretha Zelle-MacLeod wäre nicht sie selbst, wenn sie nicht in ihre alten Muster verfallen würde. Sie bestätigt nur das, was die Anklage vermutlich beweisen kann. So behauptet sie zum Beispiel, erst 1916 von Kramer angeworben worden zu sein und nicht bereits ein Jahr zuvor. Sie gibt sich naiv und unschuldig. Doch sie bleibt ihrer Rolle dabei nicht treu. Bouchardon hält ihr vor, dass sie den Deutschen beachtliche Informationen geliefert haben müsse, wenn sie bereit waren, ihr so viel Geld im Vorfeld zu zahlen. Darauf antwortet sie selbstgefällig: »Bei aller Liebe, ich bin es gewohnt, im Voraus bezahlt zu werden. Kramer wusste, dass das die Spielregeln waren.«

War sie naiv? Unterschätzte sie die Gefahr, in der sie sich befand? Oder hatte sie sich nicht in der Gewalt? Als Bouchardon sie fragt, wie sie als Agentin gegen Frankreich hatte arbeiten können, obwohl sie von ihrem französischen Publikum so bewundert worden sei, antwortet sie: »Da ich Holländerin bin, empfinde ich nicht den gleichen Hass gegen die Deutschen wie Sie.« Als der Untersuchungsrichter betont, dass an der Front täglich Tausende Franzosen sterben, entgegnet sie lakonisch: »Auch Tausende Deutsche, Monsieur.«

In ihrer letzten Begegnung berichtet der Untersuchungsrichter, dass Vadime über ihre Beziehung verhört wurde. Er habe zwar bestätigt, dass die Angeklagte ihn nie nach militärischen Informationen befragt habe. Doch nach seiner Entlassung aus dem Krankenhaus reiste er angeblich nach Paris, um sich von ihr zu trennen. Die Nachricht über ihren Verlobten trifft Margaretha wie ein Schlag. Viele Jahre hat Mata Hari danach gestrebt, von der Elite anerkannt zu werden. Nun muss sie einsehen, »dass ihre Halbgötter, die mächtigen und einflussreichen Männer, jene Muster an gesellschaftlicher, politischer und militärischer Vortrefflichkeit, nicht nur keineswegs besser als sie selbst waren, sondern unendlich viel schlechter und unverzeihlich gemeiner«, urteilt die Mata-Hari-Biografin Julia Keay.

In den Gesprächen mit Bouchardon verliert Margaretha immer öfter den Überblick und verstrickt sich in Widersprüchen. Sie hat seiner Taktik nichts entgegenzusetzen. Schließlich gibt sie zu, den Deutschen unbedeutende Informationen geliefert zu haben. Ende Mai steht für den Untersuchungsrichter fest: Mata Hari, die Agentin H 21, hat von 1915 bis 1917 insgesamt 34 000 Francs vom deutschen Geheimdienst erhalten und diesem dafür zentrale Auskünfte geliefert. Während die Deutschen wussten, dass sie als Agentin für die Franzosen arbeitete, teilte sie Ladoux nicht mit, dass sie auch für die Deutschen spionierte: »Wem dienten Sie tatsächlich? Wen betrogen Sie? Frankreich oder Deutschland? Mir scheint, die Frage enthält bereits die Antwort.« Sie habe Ladoux darüber nicht die Wahrheit sagen können, entgegnet sie. Sonst hätte sie riskiert, erschossen zu werden. Den deutschen Militârattaché von Kalle habe sie nur ins Vertrauen gezogen, um einfacher an Hinweise zu kommen. Spätestens jetzt ist Margarethas Schicksal besiegelt. Bevor Oberleutnant Mornet im Juli den eigentlichen Prozess gegen sie eröffnen wird, steht ihr Todesurteil schon fest.

Margaretha will sich auf das Gerichtsverfahren vorbereiten. Doch die Behörden isolieren sie. Sie versuchen zu verhindern, dass sie Geld aus den Niederlanden geschickt bekommt. Am 24. Juli wird im Pariser Justizpalast der Prozess gegen sie eröffnet. Die Verhandlung dauert nur eineinhalb Tage. Die 150 Zuschauer, die gekommen sind, müssen den Saal nach der Eröffnung des Verfahrens wieder verlassen. Der Staatsanwalt fürchtet angeblich um die Sicherheit des Landes.

Mata Hari tritt selbstbewusst auf. Doch das Drehbuch des letzten Aktes ist längst geschrieben: Die Zeugen der Anklage, darunter Ladoux, der selbst wenige Monate später zurücktritt und wegen des Verdachts auf Spionage angeklagt und erst zwei

Zahlenspiele

1 000 000 Francs
forderte Mata Hari für ihren Einsatz als Spionin vom französischen Geheimdienst.

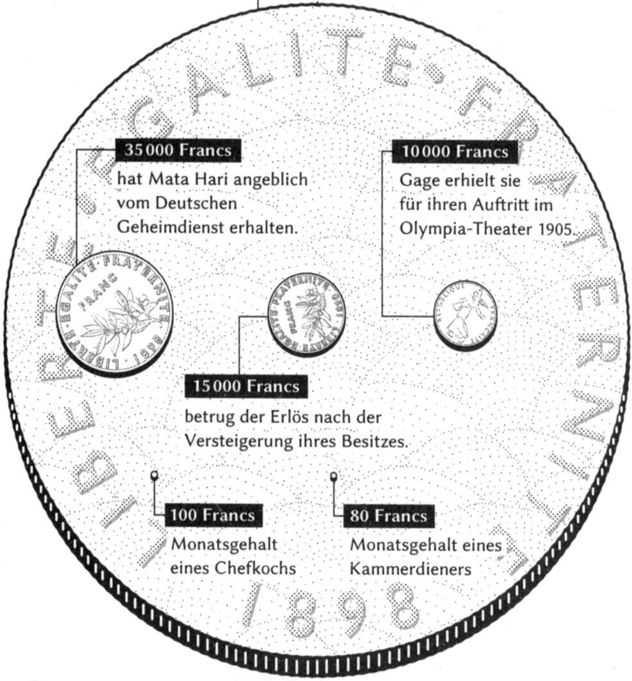

35
öffentliche Auftritte allein im Jahr 1905.

5
Sprachen beherrschte Mata Hari.

4
In vier Ländern hat sie gelebt.

2
Kinder brachte Mata Hari zur Welt.

17
Mal verhörte sie der Hauptmann Bouchardon.

35
Wochen verbrachte Mata Hari in Haft.

Jahre später freigesprochen wird, beschreiben sie als »Agentin ersten Ranges«. Andere Akteure, die ein abweichendes Bild liefern könnten, sind verhindert, nicht aufzufinden oder wurden vergessen. Zivilisten wie Baron van der Capellen, der einige der Geldüberweisungen bestätigen könnte, werden nicht zugelassen – der deutsche Geheimdienst könnte sonst alarmiert werden. Den wichtigsten Zeugen, Vadime de Masloff, hat Margaretha kurz vor Prozessbeginn selbst von der Liste streichen lassen. Eine Begegnung mit ihm kann sie nach der Trennung nicht ertragen.

So begehrt die Tänzerin in den Salons noch vor wenigen Jahren war, so wenig stehen die Männer, die ihre Dienste als Kurtisane in Anspruch nahmen, nun zu ihr. Wie der »tattrige« Oberst Denvignes, der ihr in Madrid vergeblich lüstern nachgelaufen war. Nun erinnert er sich angeblich nicht einmal mehr daran, wann er die Tänzerin kennenlernte. Auch General Adolphe Messimy, der 1914 Kriegsminister und ihr Geliebter war, schickt nun seine Frau vor, die aussagt, dass das Paar die Angeklagte nur zufällig getroffen habe. Wie sehr müssen Margaretha diese Aussagen getroffen haben. Doch es gibt auch wenige Lichtblicke: Henri de Margerie, ein höherer Beamter des Außenministeriums, beweist Größe, als er zugibt, Margaretha schon lange Zeit zu kennen. Sie habe sich hilfesuchend an ihn gewandt, als sie dem französischen Geheimdienst beitreten sollte. Damit führt er Ladoux' Version ad absurdum, nach der Mata Hari alles getan habe, den Geheimdienst zu unterwandern. Doch es nützt ihr nichts.

In seinem Plädoyer macht Richter Mornet die Beschuldigte für den Tod von hunderttausend französischen Soldaten verantwortlich. Clunet betont in seiner Rede, dass Margaretha die Absicht gehabt habe, Frankreich zu dienen. »Ich bin Staatsbürgerin eines neutralen Landes«, betont die Angeklagte in ihrem Schlusswort: »Ich habe nie gegen Frankreich operiert, und ich glaube an Ihre Gerechtigkeit.« Kurz darauf verkündet der Gerichtsschreiber das Urteil: Wegen Doppelspionage und Hochverrats verurteilt das Militärgericht sie einstimmig zum Tod. Ihr Anwalt bricht in Tränen aus, Margaretha ruft: »Das ist unmöglich! Ich bin unschuldig!« Dann wird sie ohnmächtig.

Würdevoll wie eine Königin

Zurück im Gefängnis, klammert sich Margaretha an die Hoffnung, dass Clunet mit einer Berufung erfolgreich sein wird. Der Anwalt beantragt Revision und Kassation, doch beide werden abgelehnt, weil das Gesetz im Prozessverlauf nicht verletzt worden sei. Die niederländische Regierung agiert zurückhaltend: Das Land mit seiner calvinistischen Tradition will Frankreich offenbar nicht kompromittieren, indem es sich allzu offensiv für eine ehemalige Nackttänzerin einsetzt. Die Regierung bittet behutsam um Strafumwandlung. Dieser Bitte kommt das Außenministerium nicht nach. Ironischerweise unterzeichnet Mata Haris langjähriger Freund Jules Cambon das Schreiben – selbst er beugt sich der Staatsräson. Das Gnadengesuch lehnt Präsident Raymond Poincaré ab. Die Hinrichtung von Mata Hari wird auf den 15. Oktober 1917 festgesetzt.

Im Morgengrauen wird Margaretha geweckt. Sie kleidet sich sorgfältig mit einem perlgrauen Jackenkleid, Handschuhen und einem imposanten Strohhut mit Schleier. »Was für eine schlechte Angewohnheit, die Menschen im Morgengrauen hinzurichten. Ich wäre lieber gegen fünfzehn Uhr nach einem guten Mittagessen aus dieser Welt geschieden«, sagt sie zu einer der Ordensschwestern. Sie verfasst drei Briefe, an Vadime, ihre Tochter Non und den Marquis de Margerie, von denen jedoch keiner seinen Empfänger je erreichen wird.

Schließlich wird sie nach Vincennes gefahren. Würdevoll wie eine Königin schreitet sie vom Auto zum Hinrichtungsplatz. »Weinen Sie nicht, Mutter Léonide! Nehmen Sie sich ein Beispiel an mir, Sie sehen, dass ich nicht weine. Ich bin viel durch die Welt gefahren, ich reise jetzt weiter. Ich fahre einfach zu dem großen Bahnhof, von dem es kein Zurück mehr gibt.« Sie verweigert eine Augenbinde und lässt sich lose an einen Pfahl binden. »Im Namen des französischen Volkes wird Margaretha Zelle-MacLeod für schuldig erklärt, den Sperrbezirk von Paris betreten zu haben, um sich Informationen im Interesse einer feindlichen Macht zu beschaffen, und im Ausland zum Zweck der Begünstigung der Unternehmungen des Feindes Kontakt mit deutschen Agenten des Diplomatischen Korps aufgenommen zu haben«, verliest ein Offizier. »Sie ist zum Tode verurteilt.« Mata Hari sieht ihm in die Augen und bedankt sich. Der Offizier hebt den Säbel zum Feuerbefehl, zwölf Gewehrschüsse donnern durch die Stille. Eine Kugel trifft Margaretha ins Herz. Sie ist sofort tot.

Da niemand Anspruch auf ihren Leichnam erhebt, wird er der medizinischen Fakultät der Universität Sorbonne übergeben und anschließend in das anatomische Museum gebracht. Über 80 Jahre später sollte Mata Hari erneut für Schlagzeilen sorgen: Das Museum vermisst den Kopf der Tänzerin – vermutlich ist er bereits in den 1950er Jahren abhandengekommen.

1918 wird ihr Besitz in Paris versteigert. Der Erlös von rund 15 000 Francs geht an den französischen Staat zur Deckung der Gerichtskosten. Margarethas Tochter Non, die ihre Mutter seit der Trennung der Eltern nicht mehr gesehen hat, geht leer aus. Sie stirbt kurze Zeit später, am 10. August 1919, an den Folgen einer Gehirnblutung. Sie wollte am nächsten Tag nach Java reisen, um dort als Lehrerin zu arbeiten.

Nons Vater überlebt seine Tochter um acht Jahre. Rudolph MacLeod, der zum dritten Mal verheiratet ist, sagt über die Hinrichtung seiner ersten Frau: »Was auch immer sie getan haben mag, das hat sie nicht verdient!« Er stirbt 1928 und wird neben seiner Tochter bei Arnheim bestattet.

Aber ist die Tänzerin wirklich erschossen worden? Oder konnte sie nach einer Scheinhinrichtung mit einem ihrer Geliebten fliehen? Nicht nur viele der Details ihrer Biografie sind umstritten, lange Zeit wurde auch ihr Tod bezweifelt. Noch 1929 berichten Zeitungen über den Fall Gloria MacAlister. Die Frau war kurz zuvor von einem Dampfer gefallen und bewusstlos aufgefunden worden. In Wahrheit, so vermuteten die Blätter, habe es sich dabei um Mata Hari gehandelt.

»Mata Hari hat nie richtig spioniert«

Margaretha Zelle-MacLeod starb im Morgengrauen in Vincennes. Doch der Mythos Mata Hari lebte weiter: Die raffinierte Spionin sei schuld an den Aufständen innerhalb der Armee und am Tod von 100 000 französischen Soldaten, hieß es nach ihrem Tod. Sie habe den Deutschen Informationen geliefert, die Ludendorffs U-Boot-Angriffe 1917 erst ermöglicht hätten. Obwohl diese Behauptungen aus der Luft gegriffen waren, blieb Mata Hari als berühmteste deutsche Spionin im kollektiven Gedächtnis haften.

Die Spionageromane und -filme der 1920er und 1930er Jahre griffen den Topos der gefährlichen Agentin auf und zeigten weibliche Spione, die kalt und rachsüchtig agierten. Dies mag dem Spionage-Plot und der Dramatik zugutegekommen sein, der Wahrheitsfindung diente es nicht. »Mit der historischen Person hat die filmische Kultfigur nur wenig gemeinsam«, urteilt auch Magnus Hirschfeld in seiner Sittengeschichte des Ersten Weltkriegs. Die Erzählungen manifestierten das Bild von Mata Hari, das Ladoux erfunden und verbreitet hatte.

Doch plötzlich tauchten Zweifel auf an der Deutung und damit auch an der Richtigkeit des Todesurteils. Hatte die Tänzerin überhaupt spioniert? Hätte sie überhaupt wichtige Informationen von unwichtigen unterscheiden können? Sie, die sich nie für Politik interessiert hatte? In der Kölner Zeitung vom 31. Januar 1929 wird Generalmajor a. D. Gempp mit der Aussage zitiert, dass Mata Hari »in Wirklichkeit nichts für den deutschen Nachrichtendienst geleistet hat«, ihr Fall nur »ungeheuer ausgeschlachtet« worden sei.

Auch der Biograf Sam Waagenaar zweifelte zunächst daran, dass Margaretha überhaupt dem deutschen Geheimdienst angehört habe, andere folgten seiner Einschätzung. Als er später jedoch herausfand, dass die Tänzerin eine Schnellausbildung beim deutschen Geheimdienst in Köln absolviert hatte, korrigierte er sein Urteil. Dennoch stand für ihn fest: Margaretha hatte die Spionage nur als ein »Geplänkel« angesehen. Darüber hinaus sei sie gar nicht in der Lage gewesen, »etwas Wesentliches zu entdecken«. Ihr Todesurteil sei daher nicht gerechtfertigt gewesen. Dieser Meinung sind viele Wissenschaftler. Der französische Historiker Léon Schirmann urteilte: Sie sei »lediglich eine Frau [gewesen], die das Leben genießen wollte und die nicht begriffen hatte, dass mit dem Krieg nichts mehr sein würde wie zuvor«. Auch der Vorsitzende der Mata-Hari-Arbeitsgruppe in ihrer niederländischen Heimatstadt Leeuwarden, Gerk Koopmans, ist überzeugt: »Mata Hari […] hat nie richtig spioniert, weder für die Deutschen noch für die Franzosen.«

Der Historiker Philippe Collas, der gleichzeitig der Urenkel des Untersuchungsrichters Bouchardon ist, kommt zu dem Ergebnis, dass das Todesurteil juristisch vertretbar sei. Doch moralisch sei Mata Hari unschuldig. Sie habe zwar für die Deutschen spioniert, doch anschließend die Seite gewechselt – eine Tatsache, die das Urteil nicht berücksichtigt habe. Ob ihre Arbeit für den deutschen Geheimdienst wirklich so unbedeutend

Mata-Hari-Statue am Ort ihres Geburtshauses in Leeuwarden.
Das ursprüngliche Gebäude wurde 2013 bei einem Feuer zerstört.

war, stellt er in Frage. Fast 90 Jahre nach ihrer Hinrichtung sei herausgekommen, dass sie 1916 offenbar gemeinsam mit der Spionin Clara Bendix von Madrid nach Lissabon reiste. Kein Zufall, findet Collas. Ihre Heimatstadt Leeuwarden hingegen drängt bisher erfolglos auf eine Rehabilitierung der Tänzerin: sie habe als Sündenbock für eine antideutsche Kampagne der Franzosen herhalten müssen. Es bleibt abzuwarten, ob die Veröffentlichung der Gerichtsakten hundert Jahre nach Mata Haris Hinrichtung zu einer juristischen Neubewertung führen wird.

Interessanter als die juristische Bewertung ist der Blick auf den gesellschaftlichen Aspekt des Phänomens Mata Hari: Die selbstbewusste Tänzerin verstieß mit ihrem lockeren Lebenswandel gegen die herkömmlichen Sitten. Sie etablierte Nacktheit als Kunst. Durch ihre vermeintlich sakralen Tänze verschaffte sie sich Zugang zu den einflussreichen Kreisen der Belle Époque. Obwohl sie mit steigendem Alter immer öfter vom Geld ihrer Liebhaber lebte, wurde sie phasenweise als Künstlerin wahrgenommen, die geistreiche Unterhaltungen führen konnte und fünf Sprachen beherrschte.

She's a real Mata Hari: Im englischsprachigen Raum war die Tänzerin und Spionin nach dem Krieg so populär, dass aus ihrem Namen eine Redewendung entstand, wenn man eine geheimnisvolle, verführerische Frau beschreiben wollte: »Sie ist eine richtige Mata Hari.«

Weil sie karrierebewusst handelte, letztlich ohne sich um traditionelle Rollen wie Ehefrau und Mutter, Hausfrau oder Arbeiterin zu scheren, zählt sie zu Beginn der Moderne zu den emanzipierten Frauen. Die Mehrheit ihrer Zeitgenossinnen besaß kein eigenes Vermögen. Waren sie verheiratet, gehörte das Eigentum dem Mann. Erst mit der Witwenschaft erhielten Frauen eigene Rechte. Anders Mata Hari. Zumindest eine Zeitlang verdiente sie ein Vermögen damit, sich in aller Öffentlichkeit auszuziehen. Sie unterhielt Liebesbeziehungen, einzig weil sie Lust darauf hatte. Und damit nicht genug. 1915 ließ sie sich auch noch vom Geheimdienst anwerben. Vor diesem Hintergrund erklärt sich, warum jemand wie Mata Hari Männer wie Pierre Bouchardon, aber auch andere Frauen so stark verunsicherte. Sie stellte die geltende Machtstruktur in Frage und rief dadurch Ängste hervor. Und das in einer Zeit, als der schwindende Patriotismus den Ausgang des Krieges zu beeinflussen drohte. Mata Hari wurde zum Sündenbock, ihre Hinrichtung sollte gleich von mehreren Problemen ablenken.

Unterstützt wurde Bouchardon von der französischen Spionageabwehr, die dringend Erfolgsmeldungen benötigte. Bis zum Ersten Weltkrieg arbeiteten die europäischen Dienste noch nicht sonderlich effizient. In Frankreich hatte die Dreyfus-Affäre die Unzulänglichkeit des Geheimdienstes offenbart: Aufgrund von Korruption war der unschuldige Hauptmann Alfred Dreyfus verhaftet, verurteilt und deportiert worden. Ihm war zu Unrecht vorgeworfen worden, Geheimnisse an die Deutschen verkauft zu haben. Ladoux und seine Mannschaft standen unter großem Druck, die eigene Kompetenz zu beweisen. Kein Wunder also, dass sie die Bedeutung der Tänzerin übertrieben darstellten.

Die Historikerin Gundula Bavendamm hat darauf hingewiesen, dass der Erste Weltkrieg nicht nur einen Wendepunkt in der Geschichte der Spionage darstellte. Der Krieg führte auch dazu, dass die »konspirative Kriegserzählung« an Bedeutung gewann. Ähnlich wie die Verschwörungstheorie geht dieses Deutungsmuster davon aus, dass die militärischen Angriffe von Spionen und Kollaborateuren getragen werden, die zur Niederlage des eigenen Landes führen. Die »konspirative Kriegserzählung« sei, so Bavendamm, »der Schlüssel, um den Ersten Weltkrieg zu verstehen«. Waren frühere Kriege zeitlich und räumlich begrenzt, löste der Erste Weltkrieg als erster moderner Krieg neue Ängste und ein Identitätsproblem aus. In dieser Wahrnehmung wurden Spione zu gefährlichen Grenzgängern, die nicht nur Ländergrenzen überwanden, sondern auch diejenigen zwischen Öffentlichkeit und Geheimnis.

Das Feindbild änderte sich, der Geschlechteraspekt gewann an Bedeutung: Waren Frauen zuvor auf ihre wenig bedrohliche Rolle als Hausfrau und Mutter festgelegt, wurden sie nun immer öfter als Spione eingesetzt und gerieten dadurch zu einem subversiven Risiko: »Diese Frau Zelle tritt uns entgegen als eine jener internationalen Frauen […], die für uns seit dem Beginn des Krieges zu einer Gefahr geworden sind«, betonte Richter Mornet. »Die Leichtigkeit, mit der sie sich in mehreren Sprachen verständigen kann, besonders auf Französisch, ihre zahllosen Beziehungen, ihre raffinierte Art, ihr dreistes Auftreten, ihre bemerkenswerte Intelligenz, ihre angeborene oder erworbene Unmoral – all dieses machte sie verdächtig.«

Die Historikerin Bavendamm zeichnet in Frankreich drei Phasen nach, die die Entwicklung der »konspirativen Kriegserzählung« kennzeichneten: In der frühen Phase des Krieges 1914/15 spielt die Spionagethematik eine immer größere Rolle. 1916 findet eine Radikalisierung statt, Pazifismus gilt als Sicherheitsrisiko. Ab 1917 wird diese Form der Verschwörungstheorie instrumentalisiert, um innenpolitische Ziele umzusetzen. Es kommt zu zahlreichen Exekutionen. »Der formale

Mata Hari in Musik, Schauspiel und Ballett

- Jerome Coopersmith schrieb in den 1960er Jahren das Musical *Mata Hari* für den Broadway. Das Stück floppte jedoch und wurde rasch abgesetzt.
- 1993 schuf der Choreograf Renato Zanella das Ballett *Mata Hari* in zwei Akten, das in Stuttgart uraufgeführt wurde. In der Titelrolle war Marcia Haydée zu sehen.
- Autorin Stefanie Taschinski schrieb das Schauspiel *Mata Hari*, das 2001 in Heilbronn uraufgeführt wurde.
- Die Tänzerin wurde auch in zahlreichen Songs erwähnt: Madonna: »Like It Or Not«, The Mission: »From One Jesus To Another«, Ricky Martin: »Shake Your Bon Bon«, Warren Zevon: »Genius«, die Ärzte: »Besserwisserboy«.
- Folgende Künstler sangen Lieder mit dem Titel »Mata Hari«: Dschingis Khan, Ofra Haza, Kingpins.
- Die norwegische Sängerin Anne-Karine Strøm trat mit dem Song »Mata Hari« beim Eurovision Song Contest 1976 im niederländischen Den Haag auf. In der Gesamtwertung belegte sie allerdings mit nur 7 Punkten den letzten Platz.

Rahmen des Gerichtsverfahrens und der Verurteilungen verlieh den konspirativen Kriegserzählungen eine Aura des Authentischen«, ist Bavendamm überzeugt. Die grausame Bestrafung führt außerdem zu einer Festschreibung der zuvor entwickelten Legende im kollektiven Bewusstsein der Franzosen: Wenige Stunden nach Mata Haris Tod gab die französische Regierung eine Presseerklärung heraus, in der sie behauptete, Mata Hari habe ihre Schuld gestanden. Eine Lüge, die die Medien gern aufgriffen.

Auch die deutsche Propaganda versuchte die Hinrichtung der Tänzerin zu instrumentalisieren, indem sie die Legende für ihre Version der konspirativen Kriegserzählung einsetzte. 1915 war die Engländerin Edith Cavell von den Deutschen in Brüssel hingerichtet worden. Nun versuchten sie, die Exekution der patriotischen Krankenschwester mit der Tötung der niederländischen Tänzerin durch die Franzosen gleichzusetzen. Doch das Schicksal der Nackttänzerin ließ sich mit dem der helfenden Krankenschwester nicht vergleichen. Daraufhin behaupteten die Deutschen, dass der Fall Mata Hari zumindest belege, dass die Alliierten auch nicht moralischer handelten als sie selbst.

Die Parallelen zwischen Bavendamms Phasenmodell und Margarethas Schicksal sind offensichtlich. Sie war nicht die Einzige, die zum Opfer des konspirativen Narrativs wurde. Schätzungen gehen von zehn Frauen und rund 300 Männern aus, die allein in Frankreich wegen Spionage exekutiert wurden. Darunter Verurteilte wie Marguerite Francillard, die für ihren deutschen Geliebten Pakete aus der Schweiz weitergeleitet hatte, aber auch Kriegshelden: Brunel, der allein in einen feindlichen Schützengraben vordrang und 83 Männer gefangen nahm; Lefèvre, der sich freiwillig gemeldet hatte, um den Tod seines Vaters zu rächen. Weil er auf dem Höhepunkt der Meuterei einen Offizier bedrohte, wurde er hingerichtet.

Mata Hari war zwar keine Heldin, aber eine für ihre Zeit ungewöhnlich mutige Frau. Lange hatte sie versucht, der einflussreichen Elite anzugehören. Für zehn Jahre war ihr dies auch geglückt. Sie hatte ihren Traum gelebt, sich mit Offizieren vergnügt, in Ruhm und Reichtum geschwelgt, Euphorie erlebt und Panik davor empfunden, als Betrügerin entlarvt zu werden. Erst im Frauengefängnis von Saint-Lazare musste sie erkennen, dass die meisten einflussreichen Offiziere und Politiker, denen sie hinterhergelaufen war, kein Rückgrat besaßen. Statt zu ihr zu stehen, reagierten sie opportunistisch und bösartig. »Männer sind allesamt Flegel«, notierte sie in ihrer Zelle desillusioniert auf Niederländisch auf dem Titelblatt einer Zeitung.

Ihrem Publikum hatte sie ihren entblößten Körper dargeboten. Dem Untersuchungsrichter Bouchardon offenbart sie ihre Seele in einem beeindruckenden Brief, den Philippe Collas zu Recht als testamentarisch charakterisiert. Darin versucht sie ihm zu erklären, warum Margaretha Zelle-MacLeod die Tänzerin Mata Hari erfand – und damit sich selbst. Ein Schreiben, das zeigt, wer Mata Hari auch war: eine intelligente Frau, die sich würdevoll und aufrichtig ihrem Leben stellte. Damit hatte sie den meisten Menschen, die sie so sehr bewundert hatte, einiges voraus:

Herr Hauptmann,
es gibt noch etwas, das ich Sie zu berücksichtigen bitte: Mata Hari und Madame Zelle-MacLeod sind zwei völlig verschiedene Frauen.

Heute bin ich aufgrund des Krieges und meines Passes gezwungen, mit dem Namen Zelle zu unterschreiben und zu leben, aber diese Frau kennt niemand.

Ich hingegen halte mich für Mata Hari. Zwölf Jahre habe ich unter diesem Namen gelebt. Ich bin in allen Ländern bekannt, und ich habe überall Beziehungen.

Was Mata Hari – der Tänzerin – erlaubt ist, ist Madame Zelle-MacLeod gewiss nicht erlaubt.

Was Mata Hari widerfährt, widerfährt Madame Zelle bestimmt nicht. Die Menschen, die sich an die eine wenden, wenden sich nicht an die andere.

Mata Hari und Madame Zelle können nicht auf dieselbe Art und Weise leben und handeln.

Darum, Herr Hauptmann, wundern Sie sich nicht darüber, was mir widerfahren ist.

Es ist ganz einfach und folgerichtig. Ich versichere Ihnen, es gibt Schlimmeres!

Mata Hari ist gezwungen, sich zu verteidigen. Das habe ich aufgrund von Verlusten gelernt. […]

Aber da ich überall eine Fremde bin und einem kleinen neutralen Land angehöre, kann ich mich nur selbst verteidigen. […]

Nun gut, Mata Hari hat die Chance gehabt, sich ein wenig schadlos zu halten, und sie hat sie genutzt.

Dieser ganze Brief soll ihnen nur noch einmal klarmachen, dass all das, was passiert, Mata Hari und nicht Madame Zelle zugestoßen ist. […]

Ich bitte Sie, Herr Hauptmann, dies zu berücksichtigen und mich nicht zu hart zu bestrafen. Denken Sie daran, dass ich mein ganzes Leben als Mata Hari gelebt habe. Dass ich denke und handle wie sie. Für mich gibt es keine Entfernungen und Gefahren mehr, für mich existiert nichts mehr. […] Ich verliere – ich gewinne – ich verteidige mich, wenn man mich angreift – ich füge mich, wenn mir keine andere Wahl mehr bleibt …

Hochachtungsvoll

Mata Hari.

Literatur

Bavendamm, Gundula: Spionage und Verrat. Konspirative Kriegserzählungen und französische Innenpolitik, 1914–1917. Essen 2004. [Daraus stammen die Zitate auf den Seiten 74, 94 f.]

Cabanes, Brunno / Duménil, Anne (Hrsg.): Der Erste Weltkrieg. Eine europäische Katastrophe. Stuttgart 2013. [Daraus stammt das Zitat auf Seite 95.]

Coelho, Paolo: Die Spionin. Zürich 2016.

Collas, Philippe: Mata Hari. Ihre wahre Geschichte. München 2010. [Daraus stammen die Zitate auf den Seiten 27–61, 99f.]

Feuerstein-Praßer, Karin: »Ich gehe immer aufs Ganze«. 10 Frauenporträts. Regensburg 2002.

Hirschfeld, Gerhard: Mata Hari: Die größte Spionin des 20. Jahrhunderts? In: Wolfgang Krieger (Hrsg.): Geheimdienste in der Weltgeschichte. Spionage und verdeckte Aktionen von der Antike bis zur Gegenwart. München 2003. S. 151–169.

Keay, Julia: Mata Hari. Tänzerin, Femme fatale, Spionin. München 1994. [Daraus stammen die Zitate auf den Seiten 7 f., 21–57.]

Knightly, Phillip: Die Geschichte der Spionage im 20. Jahrhundert. Aufbau und Organisation, Erfolge und Niederlagen der großen Geheimdienste. Berlin 1990.

Kupferman, Fred: Mata Hari. Träume und Lügen. Berlin 1999.

Lüders, Christine: Apropos Mata Hari. Frankfurt a. M. 1997.

Maucher, Ute / Pfeiffer, Gabi: Codewort: Seidenstrumpf. Die größten Spioninnen des 19. und 20. Jahrhunderts. Cadolzburg 2010.

Ochaim, Brygida M. / Balk, Claudia: Varieté-Tänzerinnen um 1900. Vom Sinnenrausch zur Tanzmoderne. Ausstellung des Deutschen Theatermuseums München 23.10.1998–17.1.1999. Frankfurt a.M. 1998.

Piekalkiewicz, Janusz: Weltgeschichte der Spionage. München 1988. S. 306 ff.

Reitz, Manfred: Spione, die die Welt bewegten. Von den Pharaonen bis Mata Hari. Stuttgart 2006.

Waagenaar, Sam: Mata Hari. Der erste wahre Bericht über die legendäre Spionin. Bergisch-Gladbach 1985. [Daraus stammen die Zitate auf den Seiten 4, 9–11, 27–34.]

Wencker-Wildberg, Friedrich: Mata Hari. Roman ihres Lebens. Leipzig 1994.

Wunderlich, Dieter: AußerOrdentliche Frauen. 18 Porträts. München 2009.